Einfach aufgeräumt!■

AF142443

■ *Susanne Roth* ist Expertin in allen Fragen der persönlichen Organisation sowie des Zeit- und Selbstmanagements und Chefredakteurin des Newsletters *simplify your work*. Ihr Bewertungsmaßstab ist das Minimal-Prinzip: Gut ist eine Methode dann, wenn man mit ihr ein vorgegebenes Ziel so unkompliziert und unaufwändig wie möglich erreichen kann. Internet: www.simplifywork.com

■ *Werner Tiki Küstenmacher* arbeitet seit 1990 als freiberuflicher Karikaturist, Autor und Kolumnist. Er hat über 50 Bücher veröffentlicht, darunter den Weltbestseller *simplify your life*.

Susanne Roth

Einfach aufgeräumt!

In 24 Stunden mit der simplify-Methode das Chaos besiegen

Mit Illustrationen von
Werner Tiki Küstenmacher

Campus Verlag
Frankfurt/New York

simplify® und simplify your work® sind eingetragene Marken
der VNR Verlag für die deutsche Wirtschaft AG, Bonn.

MIX
Papier aus verantwor-
tungsvollen Quellen
FSC® C089473

■ISBN 978-3-593-37758-2

Copyright © 2005 Campus Verlag GmbH, Frankfurt am Main
Umschlaggestaltung: Guido Klütsch, Köln
Umschlagmotiv: © Werner Tiki Küstenmacher
Satz: TypoForum GmbH, Seelbach
Printed in Germany

Dieses Buch ist auch als E-Book erschienen.
www.campus.de

Kontakt: Werderstr. 10, 69469 Weinheim, info@campus.de

Inhalt

3. Schritt (circa 4 Stunden)

Papierstapel: Unterlagen vorsortieren, einiges auch gleich wegräumen

4. Schritt (circa 6 Stunden)

Ablagesystem: Praxisorientiert planen, optimal einrichten

5. Schritt (circa 5 Stunden)

Arbeitsroutinen: Eine Organisation schaffen, die das Organisieren abschafft

Vorwort

Liebe Leserin, lieber Leser,

träumen auch Sie von einem »Alles-im-Blick-alles-im-Griff-Büro«? Was auch immer Ihr Beruf ist – Sie sind das, was Sie sind, nicht geworden, um sich dann mit Ihrem Schreibtisch, Ihrer Ablage oder sonstigem Papier- und Datenkram zu beschäftigen! Die Praxis zeigt jedoch, dass das nicht so einfach ist:

- Gerade das Ignorieren solcher organisatorischen Aufgaben führt dazu, dass sie übermächtig werden und Sie bei Ihrer eigentlichen Arbeit extrem behindern. Wie das schlechte Gewissen, das aus unerledigten Papierstapeln erwächst und Sie demotiviert. Oder der immense Zeitverlust, den die Suche nach irgendwelchen Unterlagen mit sich bringt. Oder der Energieverlust, den ein unaufgeräumtes Büro generell zur Folge hat. Denn Ballast belastet. Immer.

- Und dann ist da noch die Außenwirkung chaotischer Arbeitsplätze, wie sie immer wieder von Untersuchungen belegt wird. Chaos wird mit Orientierungslosigkeit, Erschöpfung oder Resignation gleichgesetzt. In Zahlen: Zuletzt stellte der Psychologe Cary Cooper (Harvard) in einer europaweiten Studie fest, dass 70 Prozent des Top-Managements Mitarbeiter bevorzugen, die ihren Schreibtisch im Griff haben. »Vorgesetzte fällen insgeheim wesentliche Entscheidungen über das Karrierepotenzial eines Mitarbeiters nur aufgrund des Eindrucks, welchen sie vom Schreibtisch ihres Mitarbeiters haben.«

Damit Sie mich nicht falsch verstehen: Ich spreche hier nicht von einer peniblen Schreibtischordnung, bei der die frisch gespitzten Bleistifte immer hübsch parallel liegen. Ich spreche von einem funktionstüchtigen Arbeitsplatz, der alle organisatorischen Voraussetzungen dafür mitbringt, dass die Organisation sich als Thema sozusagen selbst abschafft. Und ich spreche von einem Arbeitsplatz, der Ihnen angenehm ist, an dem Sie sich wohl fühlen, der Sie durchaus auch ästhetisch anregt, an dem Sie acht oder neun oder zehn oder bisweilen auch noch mehr Stunden am Tag Leistung erbringen können.

Die Lösung: Schaffen Sie sich in 24 Stunden mit der *simplify-Methode* ein für alle Mal ein funktionierendes System, das von Grund auf durchdacht und exakt auf Ihre persönlichen Bedürfnisse zugeschnitten ist. Sie gehen dabei ganz logisch Schritt für Schritt vor. Und 100 Prozent praxisorientiert.

Ihre Investition: maximal 24 Stunden. Das *Einfach aufgeräumt!-Programm* ist so aufgebaut, dass Sie nur die bei Ihnen nötigen Schritte zu übernehmen brauchen – je nach Bedarf und Ist-Zustand Ihres Arbeitsplatzes.

Ihr Gewinn: Sie erhalten ein Alles-im-Blick-alles-im-Griff-Büro! In Zahlen kann das eine Zeitersparnis von bis zu zwei Stunden täglich bedeuten. Ganz zu schweigen natürlich von dem Energiegewinn, der aus dem neuen Arbeitsgefühl resultiert.

Bevor wir mit dem *Einfach aufgeräumt!-Programm* beginnen, noch ein Kommentar zu zwei weit verbreiteten Irrtümern über das Aufräumen:

■ *1. Irrtum:* »Aufräumen bedeutet die Neuanordnung vorhandener Gegenstände.« Wenn Sie lediglich die vorhandenen Objekte nett anordnen, wird Ihre Ordnung nur wenige Stunden vorhalten. Ihr Motto beim Aufräumen sollte sein: »Wegwerfen und auslagern«. Und genau diesen Weg gehen Sie mit dem *Endlich aufgeräumt!-Programm*.

■ *2. Irrtum:* »Ich habe keine Zeit zum Aufräumen.« Sie haben keine Zeit, die Schere an ihren Platz zurückzulegen – aber die Zeit, sie vor dem nächsten Gebrauch zu suchen? Werfen Sie das Argument »keine Zeit« in den Müll. Investieren Sie einmalig diese maximal 24 Stunden. Sie werden dadurch auf Dauer sehr viel Zeit gewinnen.

Sie werden feststellen: Was Ballast wirklich bedeutet, merkt man meist erst, wenn er weg ist. Wie eine Last, die plötzlich von Ihren Schultern gehoben wird. Freier sehen, freier atmen, freier denken. Packen Sie's an!

Viel Erfolg dabei wünscht Ihnen
Ihre

1.

Vor der Ordnung das große Chaos: Alles muss raus!

Schritt 1 (circa 2 Stunden)

Für diesen 1. Schritt brauchen Sie nicht viel Zeit. Und am besten ist es, wenn Sie ihn zusammen mit dem 2. Schritt am Stück erledigen – ohne Unterbrechung. Sie werden nämlich feststellen, dass Sie beim Aussortieren mit jeder Minute mehr in Schwung kommen: Ihre Geschwindigkeit beim Entscheiden über Objekte wie auch Ihre Unerbittlichkeit beim Wegwerfen nehmen deutlich zu; die Kategorien »Brauche ich noch« bzw. »Brauche ich nicht mehr« bekommen klare Konturen.

Ärmel hochkrempeln und alles raus- und runterräumen

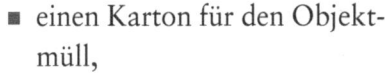

Ziel dieses Schritts ist es, dass der gesamte Inhalt Ihres Büros bzw. Ihres Arbeitsplatzes einmal komplett durchforstet wird. Das brauchen Sie dazu:

- einen Karton für den Objektmüll,

- einen Karton für den Papiermüll,

- einen Karton für Transit-Objekte: Bücher, die Sie sich ausgeliehen haben und zurückgeben möchten, überflüssige Objekte, die Sie weiterschenken können, Geräte, bei denen sich die Reparatur wirklich lohnt, Gegenstände, die eigentlich in eine andere Abteilung gehören, etc.

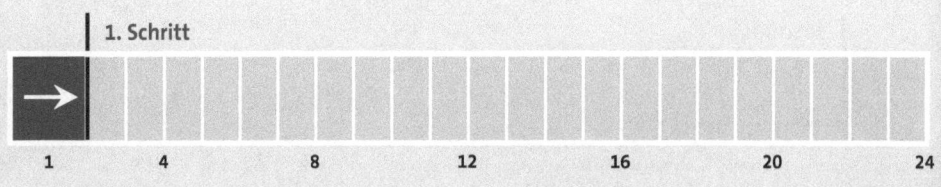

Außerdem ist es sinnvoll, wenn Sie sich mehrere Schachteln für Kleinutensilien bereitstellen, beispielsweise

- für Stifte aller Art,

- für Visualisierungsmittel wie Magneten oder Pinnnadeln,

- für CD-ROMs,

- für »Nachfüllpackungen« wie Heftklammern, Füllhalterpatronen etc.,

- für Büromaterial wie Klebestifte, Tesafilm oder Radiergummi,

- für Kleingeräte und EDV-Zubehör: Kabel, Programm-CDs, Software-Handbücher, Betriebsanleitungen, Mehrfach-Steckdosen etc.

Dann machen Sie Ernst und räumen alles ab und raus: Leeren Sie Regale, Schubladen und Schränke, räumen Sie horizontale Flächen wie Tische, Fensterbänke und Stühle frei. Das Einzige, was im Moment noch in den Regalen bzw. Schränken bleiben darf, sind Ihre Ordner und Hängemappen (sofern Sie exakt sagen können, was sich darin befindet) sowie Ihre Fachbücher (sofern es sich dabei um größere Mengen handelt – ab Seite 39 finden Sie eine separate Anleitung, wie Sie Ihre Bücher am besten ordnen). Alles andere kommt auf den Fußboden bzw. gleich in einen der Kartons.

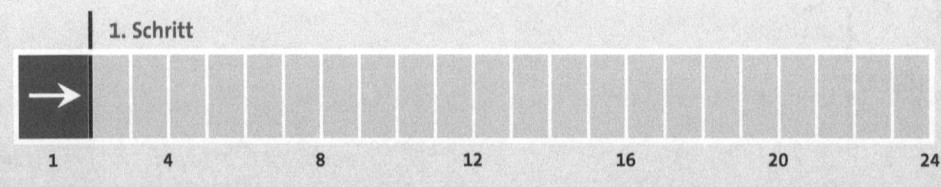

Gegenstände: Grob vorsortieren

Alle Büroutensilien und sonstigen Gegenstände gruppieren Sie auf dem Fußboden bzw. sammeln Sie in den entsprechenden Kartons. Was offensichtlich kaputt ist oder sonst nicht mehr gebraucht wird (wie unpraktische oder einfach hässliche Werbegeschenke), kommt sofort in den Objektmüll-Karton.

Papier: Einfach stapeln

Sämtliche Papierunterlagen sammeln Sie einfach auf einem Stapel:

- Denken Sie dabei auch an den Inhalt von Ablagekörbchen, nicht klassifizierten Stehsammlern, mit »Diversem« gefüllten Hängemappen sowie an die Post-its, falls Sie solche rund um Ihren Bildschirm kleben haben.

- Haben Sie eine Pinnwand? Dann entfernen Sie von dort alle nicht mehr relevanten Informationen (in den Müll) sowie alles, was nicht an eine Pinnwand gehört, wie Adressen, zu bezahlende Rechnungen, Termine, Rückruf-Versprechen etc. (diese Zettel kommen mit auf den Papierstapel).

- Gibt es Ordner oder Hängemappen, die Sie von Ihrem Vorgänger/Ihrer Vorgängerin übernommen haben und die seit Jahren in der Ecke schlummern? Dann legen Sie sie entweder mit auf den Stapel, oder entsorgen Sie sie, oder finden Sie jemand anderen, der sich um die Inhalte kümmert. Lassen Sie jedoch nichts in Ihrem Büro stehen.

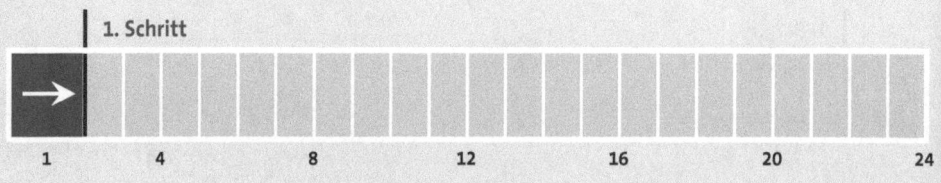

1. Schritt

| 1 | 4 | 8 | 12 | 16 | 20 | 24 |

1 Stunde   24 Stunden

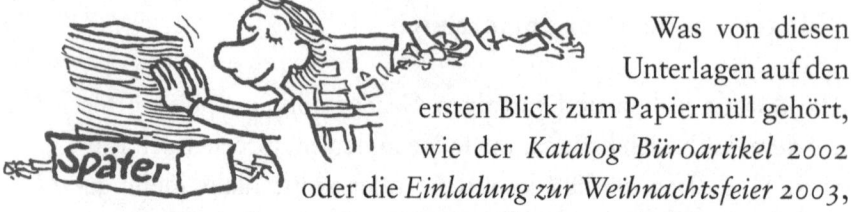

Was von diesen Unterlagen auf den ersten Blick zum Papiermüll gehört, wie der *Katalog Büroartikel 2002* oder die *Einladung zur Weihnachtsfeier 2003*, werfen Sie sofort in den Papiermüll-Karton. Gehen Sie die Unterlagen jedoch nicht Blatt für Blatt durch, und lesen Sie sie vor allem nicht. Sonst geraten Sie womöglich in Versuchung, auf einen in einem der Stapel wieder aufgetauchten Brief vom vergangenen Monat gleich mit einem Anruf zu reagieren – und kommen mit dem Aufräumen nicht weiter. Seien Sie konsequent und sammeln Sie einfach. Das Sortieren geschieht dann im 3. Schritt.

Das große Reinemachen

Alles leer, haben Sie alles abgeräumt? Nun geht's ans Entstauben und Polieren. Beginnen Sie mit dem Reinigen der Oberflächen, dann kommen die Innenräume von Schränken und Regalen aller Art dran. Diese Arbeit können Sie natürlich auch delegieren, aber sie dauert gar nicht lange und hat einen wichtigen psychologischen Nebeneffekt: Die eigenhändig blank geputzten Tischflächen und Regalfächer werden Sie gleich, im 2. Schritt, mit deutlich größerem Respekt wieder füllen.

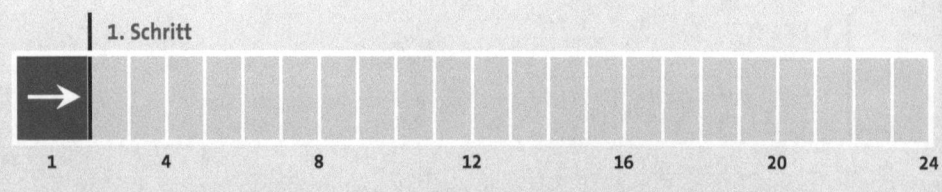

1. Schritt

| 1 | 4 | 8 | 12 | 16 | 20 | 24 |

1 Stunde · 24 Stunden

Tipp: Möchten Sie lediglich Details verbessern?

Sie sind eigentlich ganz zufrieden mit Ihrem Arbeitsplatz – und wollen nur ein paar Details optimieren? Oder Ihnen geht es hauptsächlich um eine Generalüberholung Ihres persönlichen Ablagesystems? Dann können Sie die Schritte 1 und 2 auch nebenher in kleineren Einheiten erledigen. Lesen Sie sich dennoch die beiden Kapitel durch, Sie erhalten viele nützliche Aufbewahrungs- und Organisations-Tipps! Dann aber können Sie so vorgehen:

1. Für das Ordnen Ihrer Büroutensilien und Arbeitsmittel besorgen Sie sich zwei oder drei Kartons: *Müll*, *Verschenken* und eventuell *Transit*.

2. Arbeiten Sie in kleinen Portionen. Das heißt: Nehmen Sie sich jeweils nur eine Einheit vor – ein Schrankfach, eine Schublade oder ein Regalbrett. Entleeren Sie diese Einheit komplett, reinigen Sie sie, räumen Sie – was dort wirklich hingehört – ordentlich wieder ein, und wenden Sie sich dann der nächsten kleinen Einheit zu. Wichtig ist dabei, dass Sie nicht zwischen Sektionen hin- und herspringen: Wenn Sie beim Aufräumen der Briefpapier-Schublade auf eine Rolle Klebeband stoßen, legen Sie diese in die Büromaterial-Schublade (oder in den *Transit*-Karton), und kehren Sie zum Briefpapier zurück. Lassen Sie das Büromaterial liegen, bis es an der Reihe ist.

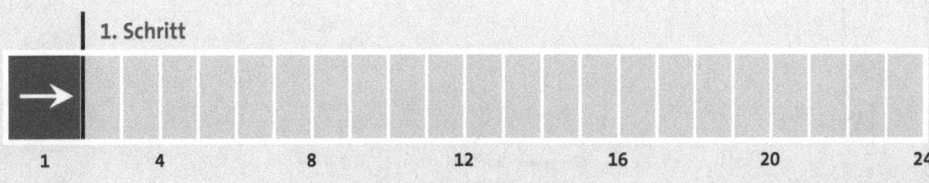

1. Schritt

→

| 1 | 4 | 8 | 12 | 16 | 20 | 24 |

1 Stunde   24 Stunden

3. Alle Papierdokumente sammeln Sie einfach auf einem Stapel. Wie Sie weiter damit vorgehen, lesen Sie dann im 3. Schritt »Papierstapel: Unterlagen vorsortieren, einiges auch gleich wegräumen« (ab Seite 55)■

Checkliste: Alles muss raus!

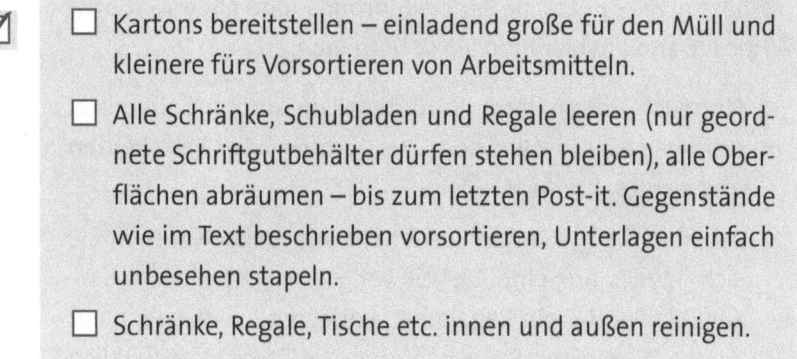

☐ Kartons bereitstellen – einladend große für den Müll und kleinere fürs Vorsortieren von Arbeitsmitteln.

☐ Alle Schränke, Schubladen und Regale leeren (nur geordnete Schriftgutbehälter dürfen stehen bleiben), alle Oberflächen abräumen – bis zum letzten Post-it. Gegenstände wie im Text beschrieben vorsortieren, Unterlagen einfach unbesehen stapeln.

☐ Schränke, Regale, Tische etc. innen und außen reinigen.

1. Schritt

→

1   4   8   12   16   20   24
1 Stunde   24 Stunden

2.

Arbeitsmittel:
Rigoros aussortieren, das Verbleibende sinnvoll beheimaten

Schritt 2 (circa 5 Stunden)

> **Tipp: Nutzen Sie die Stunde null für einen frischen Blick auf die Einrichtung Ihres Büros**
>
> Bevor Sie Ihre Schubladen und Schränke wieder einräumen, werfen Sie doch einmal einen Blick auf den 7. Schritt (ab Seite 153). Vielleicht finden Sie hier Ideen, die Sie gleich jetzt umsetzen wollen – den Schreibtisch umstellen, die Regalbretter neu anordnen, den Rollschrank anders positionieren, ein Möbelstück ganz entfernen und durch ein anderes ersetzen? ■

Das Motto: Jeder Gegenstand hat seinen festen Platz

Beginnen Sie nun, nach diesem Motto Ihre Arbeitsmaterialien zu ordnen: Weisen Sie jedem Gegenstand einen sinnvollen Ort zu. Wichtig ist, dass Sie sich dabei frei machen davon, wo Sie die Dinge *bisher* aufbewahrt haben. Vielleicht kommen sie ja genau dorthin zurück – vielleicht erweist sich aber auch ein anderer Ort als viel zweckmäßiger. Räumen Sie also nichts einfach an seinen Platz zurück.

Das System des festen Platzes hat übrigens nicht nur deutliche Vorteile, wenn Sie etwas brauchen (und sofort finden). Es erspart Ihnen auch in Zukunft erhebliche Aufräumzeiten. Denn Sie können sozusagen blind mit wenigen Handgriffen und zielsicher alles an seinen Platz zurücklegen, wenn Sie es nicht mehr brauchen.

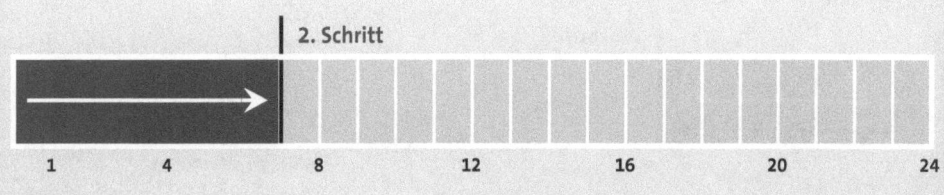

2. Schritt

| 1 | 4 | 8 | 12 | 16 | 20 | 24 |

1 Stunde   24 Stunden

Bei der Platzbestimmung gehen Sie immer von der Frage aus, wie häufig und wo Sie einen Gegenstand benutzen. Im Zentrum steht also nicht der Gegenstand, im Zentrum stehen Sie, Ihre Arbeit und was Sie dafür benötigen. Das Reichweite-Prinzip vertritt dieses umgekehrte Denken; danach gibt es folgende Kategorien:

Kategorie	Ihre Position	Was dort hingehört
I auf dem Schreibtisch	direkter Zugriff ohne Änderung der Sitzposition	alles, was Sie mehrmals täglich brauchen
II um den Schreibtisch herum	direkter Zugriff im Sitzen, aber mit Änderung der Position (vorbeugen, strecken, Stuhl drehen)	alles, was Sie täglich brauchen
III im Büro bzw. ausgelagert	indirekter Zugriff: Sie müssen für das Erreichen aufstehen	alles, was Sie seltener als täglich brauchen

Kategorie I, die Fläche auf dem Schreibtisch: Premium-Ort für Ausgewähltes

Fangen Sie mit Ihrer Schreibtischoberfläche an: Was brauchen Sie dort? Was brauchen Sie dort wirklich? Beispielsweise

■ das Telefon (sinnvollerweise so platziert, dass Sie es als Rechts-

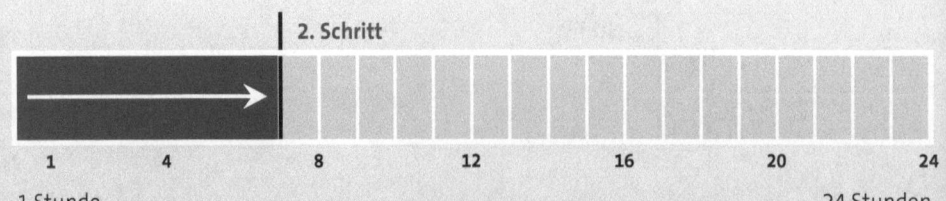

2. Schritt

händer mit der linken Hand und als Linkshänder mit der rechten greifen können, um die andere Hand frei zu haben fürs Notizenmachen),

- Bildschirm und Tastatur (sofern Sie dafür nicht einen zweiten Tisch eingerichtet haben),

- eine Stifteschale (bzw. einen Stifteköcher) mit den vier oder fünf *ständig* gebrauchten Stiften (und jeweils nur einen pro Sorte – *einen* Kugelschreiber, *einen* Bleistift etc.) und dem Brieföffner,

- eventuell eine Wiedervorlagemappe,

- übereinander gestapelte Ablagekörbe (am besten zum Herausziehen oder auch schwenkbar – mehr dazu im 5. Schritt bei der Organisation Ihrer Arbeitsabläufe ab Seite 113),

- eventuell ein kleines Behältnis für CD-ROMs, die Sie als Arbeitswerkzeuge täglich benutzen,

- Ihr Zeitplanbuch oder Super-Buch, wenn Sie Ihre Aufgaben auf Papier festhalten,

- Ihre Adressen – im Rolodex, Karteikasten oder Zeitplanbuch,

- was immer sonst Sie mehrmals täglich benutzen wie beispielsweise Post-its oder einen Notizzettelblock.

Die eiserne Regel: Geizen Sie mit dem Platz auf und um Ihren Schreibtisch. Schaffen Sie sich Raum zum Denken! Vier typische Beispiele:

- Gerne überschätzt wird der Zugriff auf *Lexika und Handbücher*, die auf dem Schreibtisch kostbaren Platz okkupieren.

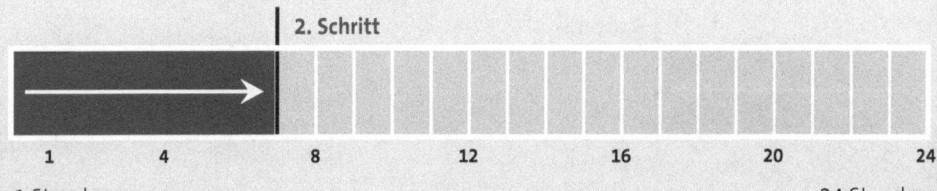

Tipp: Reduzieren und vereinfachen Sie Ihre Arbeitsmittel systematisch.

Wie bereits erwähnt: Aufräumen bedeutet nicht das dekorative Anordnen der vorhandenen Gegenstände, Aufräumen bedeutet Platz schaffen durch Wegwerfen und Auslagern. Denken Sie immer daran, wenn Sie Ihre Arbeitsmaterialien durchsehen. Versuchen Sie, die Anzahl von Gegenständen und Arbeitsmitteln wo immer möglich zu reduzieren. Zwei Beispiele:

- Haben sich im Laufe des 1. Schritts in Ihrem Stiftekarton etliche Kugelschreiber, diverse Filzstifte, Gelschreiber, Markierungs- und Folienstifte, Drehbleistifte (ohne Minen) und ausgetrocknete Füller angesammelt? Überlegen Sie sich, welche Stifte Sie wirklich brauchen und gern benutzen, schaffen Sie sich jeweils einen Vorrat davon an (kommt zu den Vorräten, nicht auf den Schreibtisch!), und werfen Sie das Übrige weg, bzw. verschenken Sie es.

- Benutzen Sie ein aufwändiges Zeitplanbuch, obwohl Sie dort doch immer nur Ihre Termine eintragen? Dann legen Sie sich einen einfachen Terminkalender zu, beispielsweise einen Leporello-Kalender. Oder Sie arbeiten mit einem Organizer, obwohl Sie eigentlich das Eingeben in den elektronischen Helfer umständlich finden und dann doch vieles auf Zetteln oder im Kalender notieren? Dann verschenken Sie den Organizer, und steigen Sie ganz auf eine Papierlösung um. Oder nutzen Sie den Organizer nur für Adressen, die Sie auf dem PC speichern (und dort bequem aktualisieren können)■

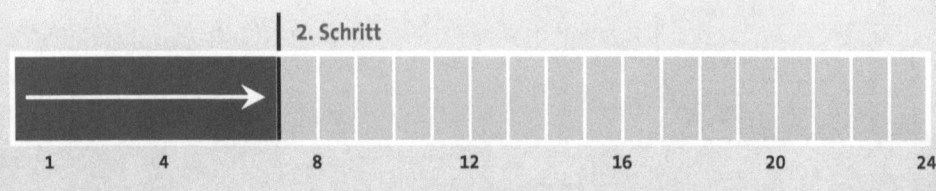

| 2. Schritt

1 Stunde   1   4   8   12   16   20   24   24 Stunden

Wenn Sie darin nicht täglich etwas nachschlagen: ab ins Büroregal damit!

■ In den meisten Büros ist ein Großteil der Faxkommunikation inzwischen durch E-Mail ersetzt worden. Das *Faxgerät* behauptet aber noch immer seinen 1a-Platz direkt am Schreibtisch. Wenn das bei Ihnen der Fall ist, lagern Sie Ihr Faxgerät in eine entfernte Büroecke um, und nutzen Sie den gewonnenen Raum beispielsweise für einen hochspezialisierten Schubladenschrank.

■ Der *Scanner* ist ein echter Platzfresser: Da er nach oben geöffnet werden muss, wird er gern auf den Schreibtisch gestellt oder blockiert ähnlich kostbaren Platz auf einem Beistelltisch.
Lösung: Besorgen Sie sich einen ausreichend niedrigen mobilen Schubladenschrank, auf dem Sie den Scanner unter den Schreibtisch rollen können. Zur Benutzung ziehen Sie ihn dann einfach hervor.

■ *CD-ROMs* tendieren dazu, zwischen Laufwerk und Aufbewahrungs-Kassette durcheinander zu geraten und Chaos zu produzieren. Je weniger Sie davon am Schreibtisch haben, umso besser! Ordnen Sie sie je nach Zugriffshäufigkeit den drei Lagerkategorien Schreibtisch, Büro und Archiv zu. Für die CDs, die Sie wirklich dauernd brauchen, reicht gewöhnlich ein Klappständer auf dem Tisch oder eine kleine Einhängewanne im Hängeregistraturschrank.

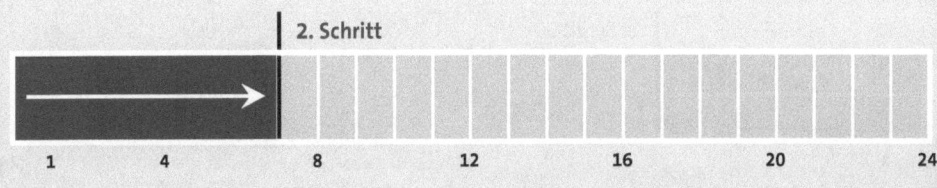

Kategorie II, um den Schreibtisch herum: Kostbarer Raum in direkter Zugriffsnähe

Nun füllen Sie die Schubladen, Regalfächer etc., die sich in Ihrer direkten Zugriffsnähe befinden, das heißt: die Sie mit einer Körperdrehung erreichen können, ohne dafür aufstehen zu müssen. Bringen Sie hier alles unter, was Sie täglich oder mindestens wöchentlich brauchen, wie beispielsweise

- Arbeitsmittel wie Schere, Tesafilmabroller, Hefter, Locher, Büroklammern, Gummibänder, Taschenrechner,
- Nachfüllvorräte (Ersatzstifte, Minen, Patronen, Heftklammern, Tesafilmrollen, Post-its etc.),
- Utensilien, die Sie für Ihre persönliche Ablage am Schreibtisch brauchen, wie Einstell- oder Hängemappen, Klebereiter oder Klemmreiter mit den zugehörigen Schildchen oder die Stifte, mit denen Sie die Reiter beschriften,
- Blanko-Etikettenbögen,
- Formulare und andere Vordrucke,
- Spezialpapier, Folien etc.,
- Briefbögen, -karten, -umschläge, Briefmarken, Adressaufkleber,
- Klarsichthüllen (in verschiedenen Farben) und andere Organisationsmittel,
- eventuell Drucker und Faxgerät (wenn Sie sie wirklich häufig brauchen),
- Diktiergerät und -kassetten,
- häufig benutzte Nachschlagewerke.

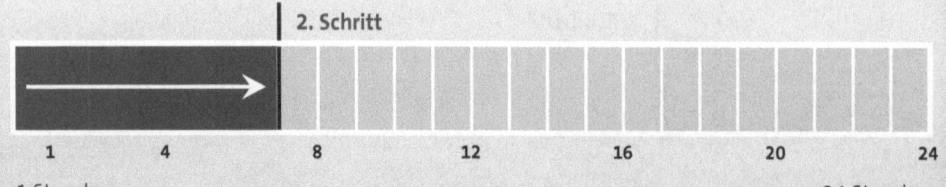

2. Schritt

1   4   8   12   16   20   24

1 Stunde   24 Stunden

Tipp: Mal ehrlich: Geht es wirklich darum, sich Bewegung zu verschaffen?

Eine häufig gehörte Entschuldigung für das unzweckmäßige Unterbringen von Arbeitsmitteln lautet: »Dann habe ich wenigstens ein bisschen Bewegung!« Frage: Wenn mitten im Satz die Mine Ihres Drehbleistifts zu Ende ist, stehen Sie dann gern auf und gehen einmal quer durchs Büro? Greifen Sie nicht lieber einfach zu einem anderen Stift? Meine Beobachtung ist: Solche Kleinigkeiten sorgen dafür, dass Dinge aufgeschoben werden. Dass der Hefter nicht nachgefüllt wird, der Füller trocken zur Seite gelegt wird, die CD-ROM – anders als die anderen – kein Etikett bekommt, sondern unbeschriftet auf dem Stapel landet.

Noch fataler sind die Auswirkungen bei der Ablage. Ein neuer Vorgang oder ein neuer Kommunikationspartner, und Sie müssen sich Mappe, Reiter etc. an verschiedenen Plätzen im Büro zusammensuchen, um für das Dokument einen Ort zu schaffen? Diese Mappe wird wohl in den meisten Fällen nie angelegt werden, jedenfalls nicht sofort, und das Dokument bleibt erst einmal auf dem Schreibtisch liegen. Bewegung ist sinnvoll und wichtig. Aber verschaffen Sie sie sich besser, indem Sie grundsätzlich die Treppe nehmen (statt den Aufzug oder die Rolltreppe) oder mal eine Busstation früher aussteigen■

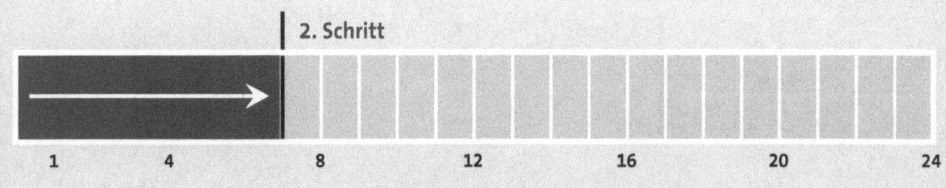

2. Schritt

| 1 | 4 | 8 | 12 | 16 | 20 | 24 |

1 Stunde · 24 Stunden

Vier Praxis-Tipps für die optimale Unterbringung Ihrer Arbeitsmittel

wichtig
wichtig
weniger wichtig

1. Bei der konkreten Zuordnung – was kommt in welche Schublade/welches Fach? – unterscheiden Sie noch einmal nach Zugriffshäufigkeit: Wenn Sie beispielsweise einen Metallschrank mit mehreren Schubladen unter oder neben dem Schreibtisch stehen haben, kommen die Arbeitsutensilien wie Schere, Locher etc. in die oberste Schublade – bequem im Zugriff. Die Nachfüllvorräte kommen in die unterste Schublade.

2. Überlegen Sie auch, was inhaltlich zusammengehört. Die Ausstattung zum Anlegen neuer Hänge- oder Stehmappen kommt beispielsweise am besten in die Hängeregistratur selbst – Kleinkram legen Sie einfach in eine Mappe ein.

3. Beschränken Sie die Vorräte, die Sie im direkten Zugriff unterbringen. Niemand braucht beispielsweise 250 Exemplare seines Briefbogens am Arbeitsplatz oder fünf CD-ROM-Packungen à zehn Stück.

4. Wenn Sie Schubladen öffnen und schließen, werden die Gegenstände darin verschoben – das ist ein physikalisches Gesetz, gegen das nur das Unterteilen der Schubladen wirklich hilft. Entsprechende Einsätze bieten verschiedene Hersteller an. Alternative: Unterteilen Sie Ihre Schubladen mithilfe (stabiler) kleiner Pappschachteln. So bleiben die Dinge nicht nur

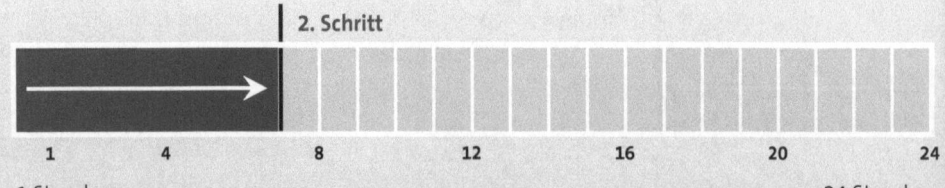

an ihrem Platz, Sie können pro Schublade auch viel mehr unterbringen.

Stichwort »Formulare, Briefpapier und andere Vordrucke«: Die besten Organisationslösungen für den direkten Zugriff

Wenn Sie an Ihrem Arbeitsplatz Ablagekörbe oder hohe Schubladenelemente für den Zugriff auf Papier, Hüllen, Vordrucke, Etikettenbögen und Ähnliches in DIN A4 und DIN A5 verwenden, verschenken Sie viel Platz. Gute Alternativen:

- **Flachschubladen:** Ersetzen Sie die Platzfresser durch spezielle Flachschubladen-Systeme. Sie erreichen damit eine Platzersparnis von mindestens 50 Prozent. Testen Sie selbst: Eine nur 20 Millimeter hohe Schublade bietet Raum für 200 Blatt Papier oder 100 Prospekthüllen. Ein Klebezettel auf dem Schubladenboden erinnert Sie daran, wo der Nachschub liegt. Haben die Schubladen keine Beschriftungslasche, verwenden Sie Etiketten, die sich rückstandsfrei entfernen lassen (z.B. »Stick+Lift«-Etiketten von Zweckform), oder Sie besorgen sich selbstklebende Schilder zum Beschriften (z.B. »Schildfix« von Durable).

- **Fächereinlagen:** Oder Sie versehen die vorhandenen normal hohen Schubladen mit speziellen Fächereinlagen (z.B. von Smead). Hier sind Sie allerdings auf das DIN-A4-Format beschränkt – anders als bei den Flachschubladen, wo Sie den gesamten Inhalt in Blick und Griff haben.

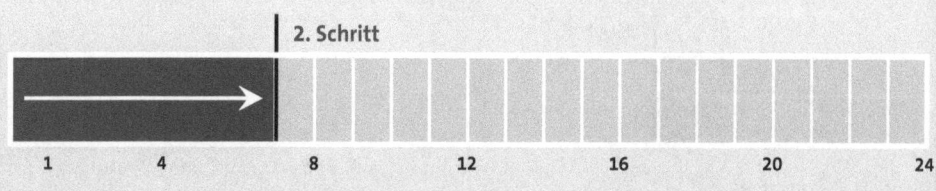

2. Schritt

| 1 | 4 | 8 | 12 | 16 | 20 | 24 |

1 Stunde | 24 Stunden

■ **Einstellmappen:** Platz sparend und übersichtlich ist auch die Lösung mit Einstellmappen (von Mappei oder Classei, siehe Info-Kasten »Dünnaktenablage« auf Seite 90 f.): Da sie wenig Platz brauchen, können Sie für jedes Formular, jeden Vordruck etc. jeweils eine eigene Mappe anlegen. Ideal für den schnellen Zugriff!

Stichwort »Papierkorb«: Erlauben Sie ihm das Format, das seiner Bedeutung gerecht wird

Ebenfalls zu den Arbeitsmitteln im direkten Zugriff gehört der Papierkorb bzw. Mülleimer. Er sollte bei Rechtshändern rechts, bei Linkshändern links unter oder neben dem Schreibtisch stehen – und zwar so, dass er ohne Verrenkungen benutzt werden kann.

Wichtig ist, dass Ihr Papierkorb groß ist. Und wenn er groß ist, dann sollte er auch nach etwas aussehen: Begreifen Sie ihn als eine Art Möbel! In guten Büroausstattungs-Läden finden Sie heute eine Auswahl durchaus attraktiv designter Modelle.

Stellen Sie sich neben den Papierkorb ein großes rechteckiges Behältnis für Altpapier: einen hübschen Pappkarton oder eine Kiste im Korbdesign, wie sie von Einrichtungsgeschäften angeboten werden. Das ist zum einen gut für die Umwelt. Zum anderen erleichtert es Ihnen das entschlossene Entsorgen von Unterlagen: Da sie knitterfrei und »chronologisch« im Stapel aufbewahrt werden, können Sie sie »auf Probe« wegwerfen und notfalls zurückholen.

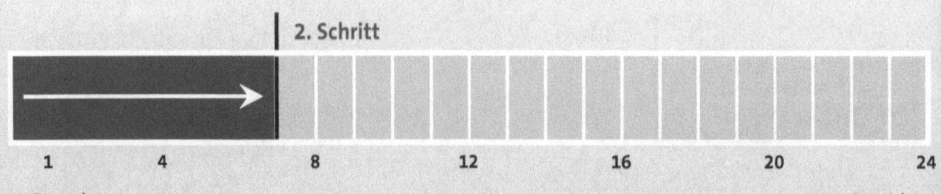

> **Tipp: Legen Sie zwischendurch immer wieder kleine Aussortierungsrunden ein.**
>
> Sortieren Sie beim Einordnen ständig weiter aus!
> Beispiel: Sie haben Ihre Lieblingsbürotasse wieder auf den Schreibtisch gestellt? Falls weitere Tassen auf dem Boden warten: Werfen Sie sie weg, verschenken Sie sie, oder nehmen Sie sie heute Abend mit nach Hause. Das Gleiche gilt für die zweite Stifteschale und andere Kleinutensilien, die eindeutig überflüssig sind! ▪

Kategorie III, weiter entfernte Orte im Büro: Alles, was Sie nur ab und zu brauchen

Hat sich das Chaos auf dem Fußboden Ihres Büros bereits deutlich gelichtet? Was dort jetzt noch liegt (neben den Papierstapeln), sind wohl hauptsächlich spezielle Arbeitsmittel und Organisationshilfen wie beispielsweise

- alles, was Sie für Ihre Ordnerablage benötigen (Blanko-Rückenschilder, Trennblätter, A–Z-Register etc.),
- Organisationsmittel für andere Ablagesysteme,
- diverse Büroutensilien, die Sie weder im direkten Zugriff brauchen noch bei den Vorräten untergebracht haben,
- Visualisierungsmittel, die Sie nur für Besprechungen hervor-

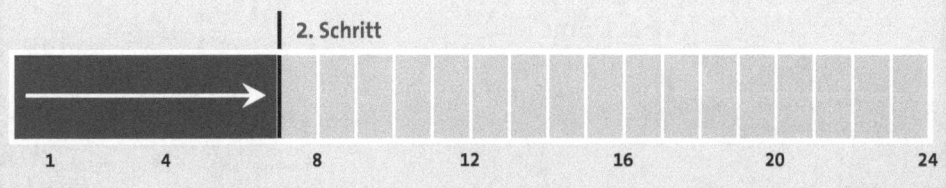

holen (wie Magneten, Pinnnadeln, Stifte zum Beschriften des Whiteboards etc.),

- diverse CD-ROMs,
- Bücher (wenn Sie Ihre Fachbibliothek nicht im Regal belassen haben),
- diverses EDV- und Elektronikzubehör,
- vielleicht auch: ausgemusterte Bürogeräte,
- die alten Originalkartons von Bürogeräten.

Gehen Sie nun die einzelnen Stücke durch, und bilden Sie sinnvolle Aufbewahrungsgruppen. Was gehört zusammen, was würden Sie unter welchem Stichwort suchen? Den Aufbewahrungsort legen Sie dann wiederum nach Erreichbarkeit fest: Ganz hinten bzw. ganz oben in die Schränke kommen größere und selten benötigte Einheiten bzw. Gegenstände; die bequem erreichbare Mittellage reservieren Sie für häufiger Benutztes und solche Detailutensilien, die Sie zum Herausholen gut sehen können müssen.

Stichwort »Formulare und andere Vordrucke, ausgelagert«

Die Großvorräte an Formularen, Briefbögen etc., die Sie sinnvollerweise aus dem direkten Zugriffsraum ausgelagert haben, können Sie z. B. Platz sparend und staubfrei in einer Ecke im Schrank einfach übereinander stapeln.

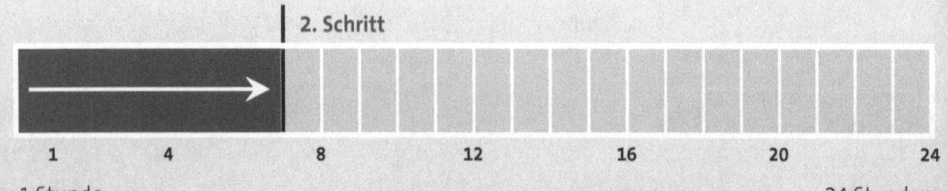

2. Schritt

| 1 | 4 | 8 | 12 | 16 | 20 | 24 |

1 Stunde   24 Stunden

■ Entweder lassen Sie die Papiere in ihren Originalkartons (was allerdings den Nachteil hat, dass Sie von außen nicht sehen, wie viel noch darin ist).

■ Oder Sie packen die Formulare jeweils in einen einfachen Aktendeckel (einen mit flexiblem Rücken, der eine entsprechende Füllmenge zulässt). Die Mappen können Sie ganz einfach mit beschrifteten Post-its markieren.

■ Wenn Sie viel Platz im Büro haben und sich den Zugriff erleichtern wollen, können Sie natürlich auch einen speziellen Schubladenschrank dafür einrichten. Das ist beispielsweise auch dann sinnvoll, wenn Sie bei Ihren Aufgaben Spezialpapiere und Folien brauchen.

Die Aufbewahrung in Stehsammlern ist übrigens weniger zu empfehlen: Der Inhalt verstaubt oder vergilbt mit der Zeit; außerdem rutschen die Blätter, sofern die Stehsammler nicht sehr gut gefüllt sind, nach unten.

Stichwort »Ablage und Organisationsmittel«

Legen Sie einen Ort fest, an dem Sie Organisationsmittel aufbewahren, wie

■ alles, was Sie für die Organisation Ihrer Ablage brauchen (und was Sie nicht im direkten Zugriff untergebracht haben), außerdem Spezialmappen, leere Hefter etc.,

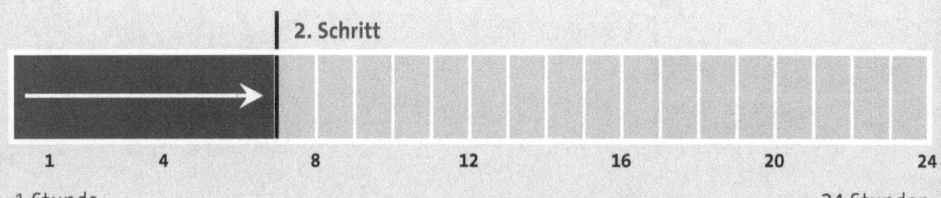

2. Schritt

1   4   8   12   16   20   24
1 Stunde   24 Stunden

- den Vorrat an Rolodex-Karten (ein paar leere stecken ohnehin immer in Ihrem Rolodex),

- allerlei nützliches Selbstklebendes: z. B. die Selbstklebe-Abheftstreifen, mit denen Prospekte abheftbar gemacht werden.

Stichwort »EDV-Zubehör und Bürogeräte«

Legen Sie einen Ort fest, an dem alles aufbewahrt wird, was zum Bereich Technik und Zubehör gehört. Sortieren Sie aber vorher gründlich aus:

- Den alten Nadeldrucker, den Sie für den Notfall aufbewahren – falls der aktuell benutzte Laserdrucker mal kaputt geht: verkaufen, verschenken oder entsorgen! Mit 99-prozentiger Sicherheit werden Sie ihn nicht mehr brauchen. Das Gleiche gilt für das zehn Jahre alte Notebook.

- Stichwort Kabel, von denen es in den meisten Büros eine ganze Menge gibt: Beschriften Sie diejenigen, die Sie noch einem Gerät zuordnen können (z. B. mit einem schmalen Etikett, das Sie als Fähnchen um das Kabel herum zusammenkleben). Auch anderes Zubehör beschriften Sie mithilfe von Etiketten: Ladegeräte, kleine Plastikteile, Spezialstecker etc. Packen Sie solches Zubehör am besten in einen Karton, den Sie entsprechend beschriften. Was herrenlos ist und nicht mehr gebraucht wird, kann weg!

- Programm-CD-ROMs für Software, die längst nicht mehr im Einsatz ist, können auch weg (oder verschenken). Aktuelle

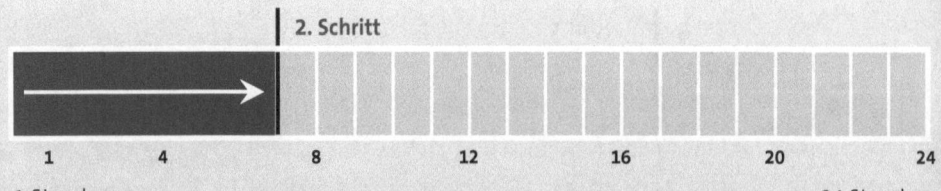

2. Schritt

1   4   8   12   16   20   24
1 Stunde   24 Stunden

CDs bewahren Sie gesammelt und geschützt an einem speziellen Ort auf: Sie sind wertvoll!

Stichwort »Alte Originalkartons von Bürogeräten«

In fast allen Büros stehen jede Menge leerer Originalkartons von Bürogeräten, ob sie nun in den Schränken kostbaren Platz wegnehmen oder auf den Schränken für eine Ästhetik der Unordnung sorgen. Üblicherweise werden sie dort jahrelang sicherheitshalber aufgehoben – für einen etwaigen Umzug oder »falls mal was mit dem Gerät ist« und die Garantie in Anspruch genommen werden soll.

Das Beste ist: Heben Sie Originalkartons sechs Monate lang auf (schreiben Sie gleich bei Erhalt das Vernichtungsdatum auf den Karton, und schaffen Sie ihn in den Keller). Wenn das Gerät technische Mängel hat, treten sie üblicherweise in diesem Zeitraum zutage. Und sollten Sie danach wirklich einmal ein Gerät im Karton transportieren müssen, können Sie sich problemlos einen Ersatzkarton besorgen, den Sie mit Spezial-Füllmasse transportsicher machen.

Sonderfall: Ihre Bücher

Nun können Sie sich um Ihre Fachbibliothek kümmern. Es lohnt sich, alle Bücher einmal zusammenzutragen und nach einem klaren System zu ordnen:

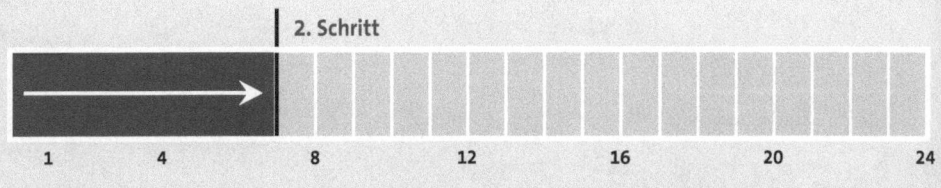

- Sie stellen sicher, dass Sie neu hinzukommende Bücher wirklich einsortieren (und nicht nur quer ins Regal legen): Denn Sie müssen nicht jedes Mal von neuem die Entscheidung fällen, wo ein Buch hingehört, sondern folgen einfach dem vorhandenen System.

- Sie können tatsächlich auf alle vorhandenen Bücher zurückgreifen – auch auf diejenigen, von denen Sie vielleicht vergessen haben, dass Sie sie besitzen. Wenn Sie Literatur zu einem Themenbereich suchen, schauen Sie einfach im entsprechenden Regalfach nach, was Sie dazu finden.

Und so gehen Sie vor:

1. *Räumen Sie alle Bücher aus dem Regal.* Falls sie ein wenig verstaubt sind, benutzen Sie keinen Lappen (erst recht keinen feuchten!), um sie zu reinigen, sonst reiben Sie nur den Staub fest. Die beste Methode: Nehmen Sie jeweils zwei oder drei Bücher in jede Hand, und schlagen Sie sie am offenen Fenster mehrmals kräftig gegeneinander. Stapeln Sie die Bücher am Boden, und wischen Sie die Regale aus.

2. *Überlegen Sie sich, wie Sie Ihre Bücher ordnen wollen.* Bei Fachliteratur (im Gegensatz zu Ihrer privaten Literatur zu Hause – Romane, Theaterstücke etc.) ist fast immer eine Unterteilung nach Sachgebieten sinnvoller als eine durchgehende A–Z-Ordnung, da Sie eher nach Themen suchen als

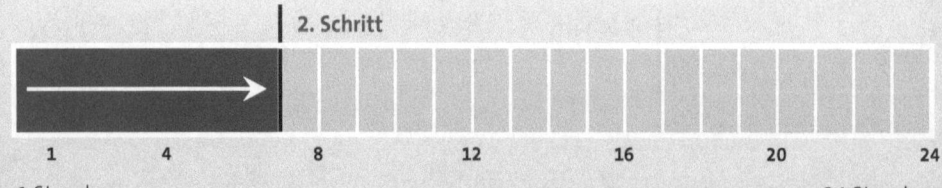

2. Schritt

1   4   8   12   16   20   24

1 Stunde   24 Stunden

nach Autoren. Innerhalb der Sachgebiete können Sie die Bücher dann alphabetisch ordnen.

3. *Räumen Sie die Bücher nach Sachgebieten ins Regal*, und zwar nach der 80-Prozent-Regel: Ihre Regale sollten nie mehr als zu 80 Prozent gefüllt sein; nur so können Neuerwerbungen direkt in die richtige Kategorie eingeordnet werden. Besorgen Sie sich zu diesem Zweck Buchstützen, und zwar am besten einfache Metallwinkel, die wenig Platz beanspruchen, die Bücher jedoch sicher abstützen – auch höhere Exemplare. Begrenzen Sie mit den Buchstützen jeweils Anfang und Ende eines Sachgebiets; dazwischen lassen Sie ein wenig Leerraum. Bei der Platzzuweisung im Regal orientieren Sie sich am Reichweite-Prinzip: Häufig gebrauchte Sachgebiete kommen in eine angenehme Mittellage und selten gefragte Gebiete auf die griffungünstigeren Regalbretter.

4. *Beschriften Sie Ihre Regalbretter.* Das empfiehlt sich selbst dann, wenn Sie Ihre Bücher nach dem 1-Meter-Prinzip aufgestellt haben: Es erhöht deutlich die Disziplin beim Einordnen und erleichtert anderen den Zugriff. Nutzen Sie dafür Etiketten, die sich rückstandsfrei wieder entfernen lassen (z. B. »Stick+Lift«-Etiketten von Zweckform), die Sie von Hand beschriften und jeweils an der entsprechenden Stelle auf der Regalkante anbringen. Wenn Sie's professioneller haben möchten, können Sie auch mit einem elektronischen Beschriftungsgerät arbeiten.

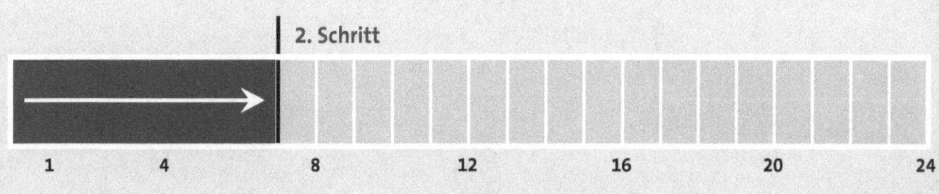

Tipp: Das 1-Meter-Prinzip

Wenn Sie sich an das 1-Meter-Prinzip halten, können Sie sogar ganz auf die alphabetische Ordnung verzichten. Das heißt, Sie legen Ihre Kategorien so fest, dass sich pro Kategorie nie mehr als eine Bücherstrecke von etwa einem Meter ergibt. Erfinden Sie zu diesem Zweck ruhig ungewöhnliche Kategorien. Und wenn Sie merken, dass ein Sachgebiet zu groß wird, sortieren Sie einfach eine Gruppe von Büchern aus und geben ihr einen eigenen Namen.

Sonderfall: CD-ROMs

CD-ROMs nehmen inzwischen an vielen Arbeitsplätzen überhand. Wenn das bei Ihnen auch so ist, sollten Sie dieses Medium ähnlich streng wie Ihre Papierablage organisieren – nach inhaltlichen Kriterien sortiert und die Bereiche wiederum nach dem Reichweite-Prinzip sinnvoll untergebracht. Sie erhalten hier eine Übersicht über die neun CD-ROM-Gruppen, die an vielen Arbeitsplätzen vorkommen, jeweils mit Tipps für die optimale Aufbewahrung. Prüfen Sie, welche Gruppen für Sie relevant sind.

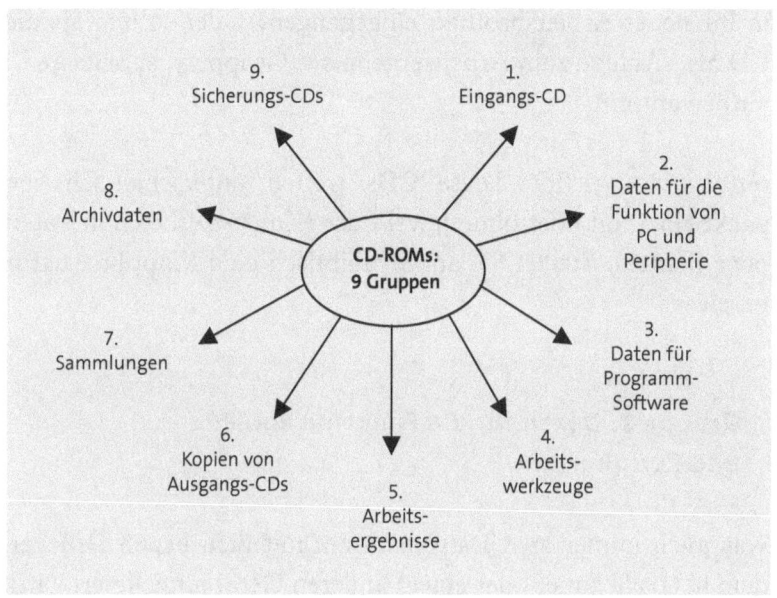

Gruppe 1: Eingangs-CDs

Hinter Eingangs-CDs stecken in der Regel Arbeitsaufgaben: Manchmal handelt es sich nur darum, eine CD als neues Info-Medium einzuordnen, wie z. B. bei der Produkt-CD eines Lieferanten, die zu den »Arbeitswerkzeugen« (Gruppe 4) gestellt werden kann. Schwieriger wird es bei einer CD mit Daten, die Sie zur Bearbeitung eines Vorgangs benötigen: Reicht es aus, die Daten zu sichten und selektiv auf den Rechner zu laden, um die CD dann zu entsorgen? Oder sollten Sie die CD als Arbeitswerkzeug (Gruppe 4) am Schreibtisch verwahren? Wenn die Arbeit vollendet ist, entscheiden Sie: Sind alle für die Sache wichtigen Inhalte

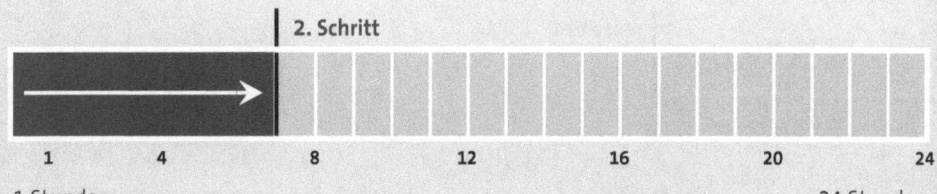

in Ihr neues Arbeitsprodukt eingegangen? Oder sollten Sie die CD als »Anlage zum Arbeitsergebnis« (Gruppe 5, s. Seite 46 f.) aufbewahren?

Aufbewahrungs-Tipp: Diese CDs treffen unterschiedlich verpackt ein – mit oder ohne Jewel Case (Kunststoffbox), in Tüten oder Beuteln. Stellen Sie am Schreibtisch eine Klappbox dafür bereit.

Gruppe 2: Daten für die Funktion von PC und Peripherie

Was auch immer an CDs gemeinsam mit dem neuen Drucker, dem neuen Scanner oder einem anderen Gerät mitgeliefert wird: Nicht fragen, sondern aufbewahren! Vieles davon mag für IT-Nichtfachleute rätselhaft sein, es wird aber mit Sicherheit bei der nächsten Konfigurationsänderung vom Systemspezialisten gebraucht werden.

Aufbewahrungs-Tipp: Auch diese CDs treffen unterschiedlich verpackt ein: in Jewel Cases, in Papphüllen oder Beuteln. Stecken Sie sie am besten in eine verschließbare Schubladenbox, die Sie an einem geschützten, aber gut zugänglichen Platz im Büro unterbringen. Weil Sie das Schubladenbox-System hervorragend auch bei anderen CD-Gruppen einsetzen können (zum Beispiel bei den Arbeitsergebnissen und den Archivdaten) sollten Sie sich für ein stapelbares Markensystem entscheiden, bei dem Sie nachkaufen können.

2. Schritt

| 1 | 4 | 8 | 12 | 16 | 20 | 24 |

1 Stunde · · · · · · · · · · · · · · · · · 24 Stunden

Gruppe 3: Daten für Programm-Software

Mit Original-Programm-CDs weisen Sie unanzweifelbar nach, dass Sie die Software gekauft haben. PINs etc., die Sie für die Installation benötigen, sollten Sie auch auf den CDs vermerken. Alternative: Sie stellen eine Kopie her, die Sie dann normalerweise in Gebrauch haben. Hier können Sie in einer kleinen Textdatei die Kennungen integrieren – sicher und unverlierbar.

Aufbewahrungs-Tipp: Hier gilt weit gehend das Gleiche wie für Gruppe 2 – die CDs werden selten benötigt, dann aber ist es meist ein Notfall. Außerdem steckt eine Menge Geld darin. Bewahren Sie größere Mengen in verschließbaren Schubladenboxen auf. Für kleinere Bestände reicht ein Ringbuch mit CD-Clip-Trays und Sichttaschen für Booklets etc., das Sie dann in einem Schrank wegschließen.

Gruppe 4: Arbeitswerkzeuge

Arbeitswerkzeug-CDs enthalten Informationen, die Sie für Ihre Arbeit laufend benötigen, aber nicht auf der Festplatte gespeichert halten – wie etwa den elektronischen Duden oder einen Routenplaner, die komplette Sammlung von Produktabbildungen, die Excel-Datei mit wirklich allen Jahreszahlen, Produktinfos wichtiger Kunden oder den Fahrplan der Deutschen Bahn.

Aufbewahrungs-Tipp: Für diese am häufigsten benutzte CD-Gruppe brauchen Sie eine praktische und schlanke Aufbewah-

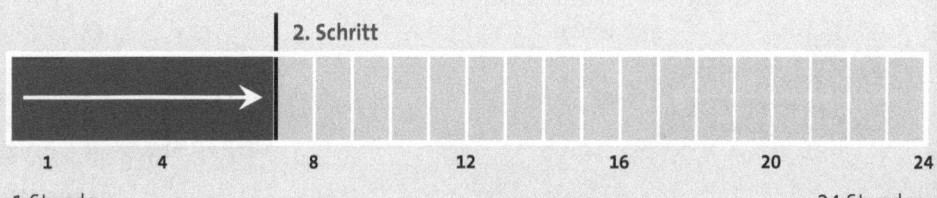

| 2. Schritt | | | | | | | | | | | |

| 1 | 4 | 8 | 12 | 16 | 20 | 24 |

1 Stunde · 24 Stunden

rung direkt am Schreibtisch. Bewahren Sie die CDs am besten in Jewel Cases auf. So sind sie besser geschützt; außerdem identifizieren Sie sie schneller.

■ Praktisch sind Klappständer, wie sie in Plattenläden benutzt werden: Mit einer Fingerbewegung können Sie den Bestand durchgehen.

■ Eine Alternative für unverpackte CDs sind Klappständer mit Folientaschen. Die herausnehmbaren Taschen haben eine Lochstanzung an der Unterseite, die in Führungsstangen einrastet, ähnlich wie Rolodex-Karten in einer Rolodex-Rollkartei stecken.

■ Schreibtischtauglich sind auch die kleinen Plattformen mit je einer verschiebbaren Stütze rechts und links: Darin reihen Sie Ihre CDs in beliebigen Verpackungen nebeneinander auf.

■ Vom Schreibtisch weg bekommen Sie Ihre Arbeitswerkzeuge mithilfe einer Ziehharmonikabox für ein Dutzend unverpackter CDs, die in der Schublade verstaut wird. Oder Sie hängen in Ihren Hängemappenschrank eine CD-Wanne ein: Platz für bis zu 20 CDs im Jewel Case.

Gruppe 5: Arbeitsergebnisse

In welcher Menge CDs mit Arbeitsergebnissen bei Ihnen anfallen, hängt von Ihren Aufgaben ab. Wenn Sie viel mit datenintensiven Bildern und Gestaltungen zu tun haben, werden Sie nach

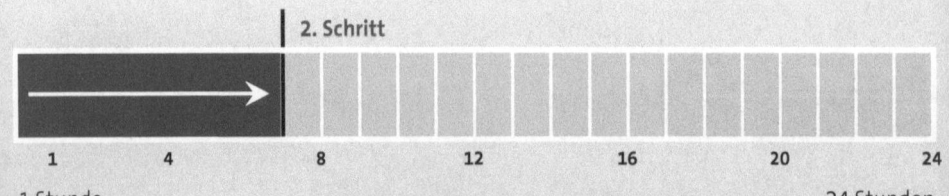

2. Schritt

1   4   8   12   16   20   24
1 Stunde   24 Stunden

Auftragsende Ihre Festplatte systematischer von Daten befreien, als wenn Sie hauptsächlich mit Texten und Zahlen arbeiten.

Aufbewahrungs-Tipp: Generell gehören diese Datenträger nicht an den Schreibtisch. CDs, die ab und zu benötigt werden, z. B. bei Rückfragen oder der Arbeit an ähnlichen Projekten, bringen Sie im Büro unter. Alle anderen CDs gehören zu Gruppe 8, werden also ins Archiv ausgelagert.

■ Aufbewahrung bei weniger als 100 CDs: Überschaubare Sammlungen können Sie ohne spezielles Archivsystem ablegen, in Jewel Cases und am besten alphabetisch nach Kunden oder Auftragsnummern sortiert. Mit einem speziellen Druckprogramm bedrucken Sie das Inlay, die Papiereinlage im hinteren Kassettenteil. Oder Sie beschriften die Rückkante mithilfe spezieller Etiketten.

■ Aufbewahrung bei mehr als 100 CDs: Bewahren Sie die CDs ohne Jewel Cases in schlichten CD-Papierumschlägen mit Sichtfenster auf – einfach fortlaufend nummeriert, auf dem Umschlag sowie auf der CD. Die Umschläge bringen Sie dann in Ihrem Schubladenbox-System unter oder in preiswerten Hartpappeboxen.

Gruppe 6: Kopien von Ausgangs-CDs

Solche Datenträger sollten Sie immer dann herstellen, wenn ein Original nach draußen, also an Kunden, Interessenten, eine andere Abteilung etc., gegangen ist. Denn typischerweise gibt es

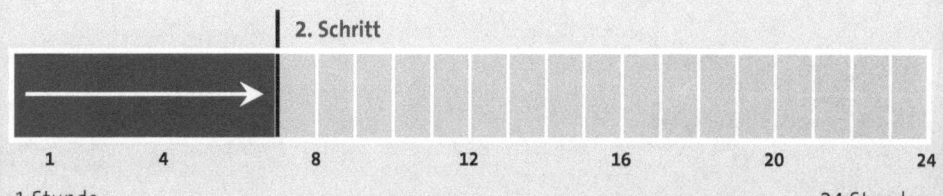

2. Schritt

| 1 | 4 | 8 | 12 | 16 | 20 | 24 |

1 Stunde   24 Stunden

hierzu immer wieder Rückfragen – und mit einer einwandfreien Kopie können Sie prüfen, helfen, Fehler feststellen oder sich wenigstens vernünftig verteidigen.

Aufbewahrungs-Tipp: Organisatorisch verfahren Sie mit diesen CDs wie mit denen in Gruppe 5 (Arbeitsergebnisse): Bringen Sie sie nicht unmittelbar am Schreibtisch unter, sondern je nach Nutzungshäufigkeit entweder zugriffsnah im Büro oder ausgelagert im Archiv. Wichtig ist, dass Sie sie in der Original-Aufmachung im Jewel Case mit CD-Etikett, Booklet und Inlay aufbewahren. Das hilft bei der Nachproduktion weiterer Exemplare.

Gruppe 7: Sammlungen

Diese CDs sind die Nachfolger der umfangreichen Computerausdrucke, die früher überall im Büro herumlagen. Heute gibt es die meisten dieser Informationen (über Kunden, Umsätze, Kosten etc.) vom Server oder von der Festplatte. Aber ein Rest ist geblieben: bestimmte Auswertungen, Sammlungen von Produktabbildungen oder der Pressespiegel.

Aufbewahrungs-Tipp: Als Ersteller solcher Sammlungen verwahren Sie natürlich je ein »Belegexemplar«. Wenn es am Schreibtisch nicht mehr gebraucht wird, erhält es am besten einen Sonderplatz bei den Arbeitsergebnissen (Gruppe 5). Oder Sie richten einen separaten CD-Ordner dafür ein, der im Regal steht. Als Empfänger solcher Infodienste legen Sie die CDs in einem kleinen Spezialbehältnis ab (nicht ohne die überholte Vorgänger-Version

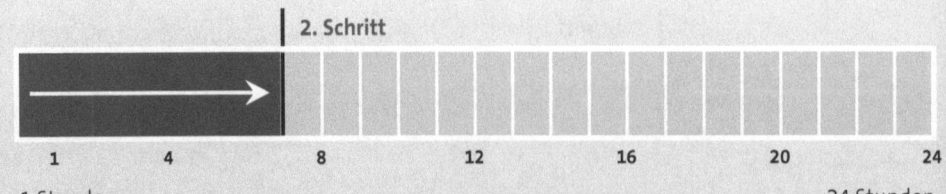

2. Schritt

| 1 | 4 | 8 | 12 | 16 | 20 | 24 |

1 Stunde
24 Stunden

sofort zu entsorgen) – z. B. in einem CD-Etui in der Schreibtisch-schublade.

Gruppe 8: Archivdaten

Ins Archiv gehören alle Daten, auf die Sie wohl kaum mehr zugrei-fen werden, die Sie aber aus anderen Gründen nicht vernichten wollen/dürfen: Gewährleistung, Dokumentation, Finanzamt. Be-freien Sie Ihren unmittelbaren Zugriffsbereich regelmäßig davon!

Aufbewahrungs-Tipp: Bewahren Sie Archiv-CDs ohne Jewel Case in Papierumschlägen auf – CD und Umschlag dabei jeweils mit laufender Nummer versehen. Als Ort empfiehlt sich ein Ext-raraum, der Keller oder auch ein abseits gelegenes Gangregal: z. B. da, wo bereits Ihre Papier-Altregistratur schlummert.

Gruppe 9: Sicherungs-CDs

Die fallenden Preise für Brenner und CDs haben Sicherungssys-teme wie Streamer-Bandlaufwerke weit gehend aus der Mode gebracht. Das heißt: In vielen Büros werden die aktuellen Dateien auf dem Rechner inzwischen täglich oder wöchentlich auf CD gebrannt.

Aufbewahrungs-Tipp: Sicherungs-CDs verwahren Sie am besten getrennt von allen anderen Sammlungen in der Schreibtisch-schublade, beispielsweise in einem separaten Etui.

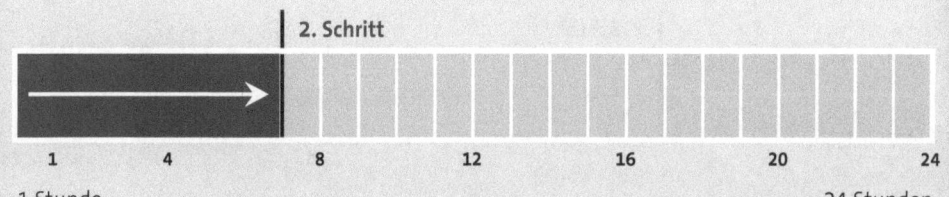

2. Schritt

| 1 | 4 | 8 | 12 | 16 | 20 | 24 |

1 Stunde   24 Stunden

Tipp: So verwalten Sie Ihr CD-Archiv effektiv

Archivierungs-Software: Auf eine einzelne Silberscheibe passt mehr als noch vor einigen Jahren auf die gesamte Festplatte. Deshalb sollten Sie ein größeres CD-Archiv nicht manuell verwalten, sondern mithilfe einer Archivierungs-Software. Wir empfehlen das Programm »CD-ROM-Archiv 1.6« der Firma Bußmann, das Sie sich unter www.gbelectronics.de für weniger als 13 Euro herunterladen können (Einzelversion; es gibt auch teurere mehrplatzfähige Versionen). Mithilfe der Software werden die Namen aller im Archiv vorhandenen Dateien mit der zugehörigen CD-Nummer gespeichert und können nach vielerlei Kriterien gesucht werden.

Inhaltsverzeichnis-Ausdrucke: Für alle Fälle sollten Sie außerdem pro CD noch einen Inhaltsverzeichnis-Ausdruck machen und in einem Ordner ablegen. Dazu rufen Sie die CD auf dem Explorer auf, speichern die Ansicht mit »Alt + Druck« in die Zwischenablage, kopieren sie dann mit »Strg + V« in ein leeres Word-Dokument und drucken dieses aus. Das Verzeichnis soll nicht die elektronische Archivverwaltung ersetzen, dafür ist die Suche darin zu mühsam. Es dient nur als »allerletzte Hilfe«, wenn z. B. der Rechner ausgefallen ist.

Papier und CD getrennt ablegen: Zum einzelnen Vorgang gibt es ja zumeist nicht nur digitale Daten auf CD, sondern auch Schriftgut. Wir empfehlen Ihnen, beides – so weit möglich – nach gleichen Ordnungsgesichtspunkten, aber getrennt zu

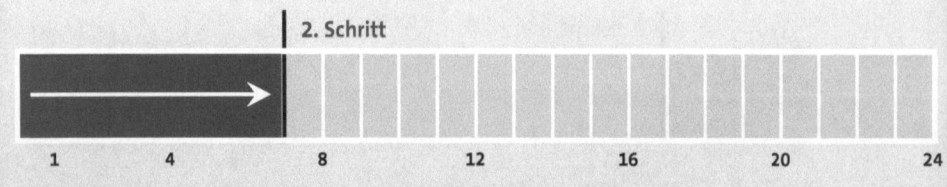

verwahren. Zwar gibt es praktische Klebetaschen, mit denen Sie CDs in Mappen und Ordner einsortieren können (Smead, Durable). Wenn Sie jedoch nur die CD suchen, dann nehmen Sie alle Handling-Nachteile des Papiers in Kauf. Außerdem müssen Sie die CDs vor der sortenreinen Aktenvernichtung wieder herausnehmen■

Checkliste: **Arbeitsmittel sortieren und beheimaten**

☐ Auf den Schreibtisch stellen: Arbeitsmittel, die Sie mehrmals täglich brauchen, wie Telefon, ausgewählte Stifte etc.

☐ Schubladen, Schränke, eventuell auch Regalfächer füllen, die am Schreibtisch/um den Schreibtisch herum im direkten Zugriffsbereich liegen: mit Arbeitsmitteln, die Sie täglich bis wöchentlich brauchen. Dabei nochmals zwischen bequemer und weniger bequem erreichbaren Orten unterscheiden (wie oberste/unterste Schublade).

☐ Schubladen mit entsprechenden Einsätzen so ausstatten, dass die Gegenstände darin sortiert werden können und nicht herumrutschen.

☐ Für Formulare, Briefbögen, Faxvordrucke etc. ein Platz sparendes Flachschubladen-System einrichten oder Einstellmappen anlegen.

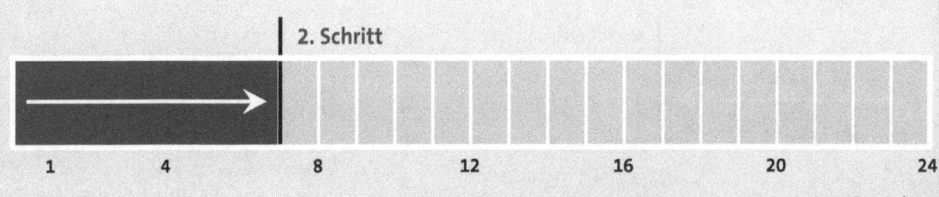

2. Schritt

| 1 | 4 | 8 | 12 | 16 | 20 | 24 |

1 Stunde 24 Stunden

☐ Papierkorb bzw. Mülleimer überprüfen: Ist er ansprechend und ausreichend groß? Zweitpapierkorb (rechteckig) für das Wegwerfen »auf Probe« besorgen.

☐ Restliche Arbeitsmittel durchsehen: Was gehört zusammen, und wo im Büro soll die jeweilige Einheit untergebracht werden?

☐ Aussortieren: generell überflüssige (veraltete, defekte, unansehnliche) Arbeitsmittel. Speziell herrenloses EDV-Zubehör, nicht mehr benutzte (und veraltete) Bürogeräte, alle Originalkartons von Bürogeräten, sobald sie mehr als sechs Monate alt sind.

☐ Bibliothek nutzbar machen: Alle Bücher aus dem Regal holen, ggf. entstauben und nach Sachgebieten neu ordnen. Regal beschriften.

Einkaufsliste: Fehlt etwas für die Umsetzung von Schritt 2?

☑

☐ Leporello-Kalender

☐ Schubladeneinsätze

☐ Flachschubladen-Systeme

☐ Fächereinlagen für tiefe Schubladen

☐ Einstellmappen

☐ Mülleimer

☐ Altpapierbehälter

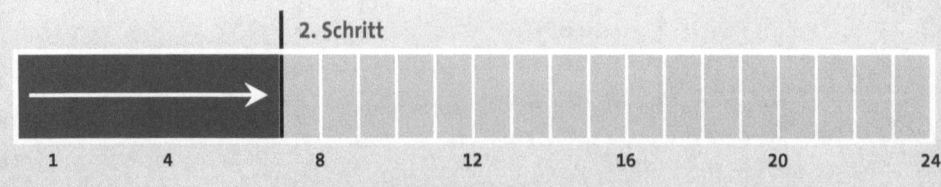

| 2. Schritt

1   4   8   12   16   20   24

1 Stunde   24 Stunden

- ☐ Wieder ablösbare Etiketten
- ☐ Selbstklebende Schilder
- ☐ Buchstützen
- ☐ Beschriftungsgerät

Spezielle CD-Aufbewahrung:

- ☐ Einfache Klappbox für den Schreibtisch
- ☐ Schubladenbox-Systeme
- ☐ Ringbuch mit Clip-Trays und Sichttaschen
- ☐ Klappständer aus Kunststoff
- ☐ Klappständer aus Metall
- ☐ Klappständer mit Folientaschen für lose CDs
- ☐ Plattformen mit verschiebbarer Stütze
- ☐ Ziehharmonikabox für lose CDs
- ☐ CD-Wanne für den Hängemappenauszug
- ☐ Software für Inlay-Beschriftung
- ☐ Hartpappeboxen
- ☐ Etiketten für CD-Rückkante
- ☐ CD-Ordner fürs Regal
- ☐ CD-Etui
- ☐ Papierumschläge mit Sichtfenster

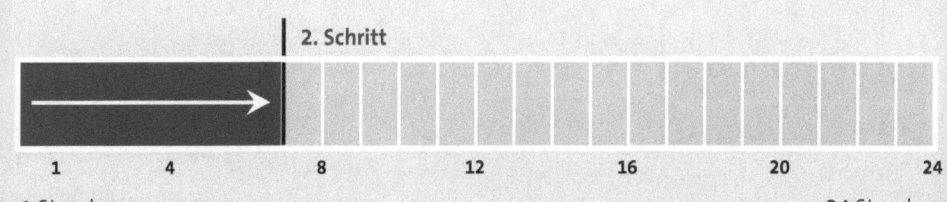

☐ Ihre Ergänzungen:

. . . .

. . . .

. . . .

. . . .

. . . .

. . . .

. . . .

. . . .

. . . .

. . . .

2. Schritt

| 1 | 4 | 8 | 12 | 16 | 20 | 24 |

1 Stunde

24 Stunden

3.

**Papierstapel:
Unterlagen vorsortieren,
einiges auch gleich wegräumen**

Schritt 3 (circa 4 Stunden)

Die Papierstapel vorsortieren: Bilden Sie 8 Kategorien

Nun kommen endlich die Papierstapel dran. Fürs Vorsortieren schreiben Sie mit einem dicken Stift folgende acht Kategorien jeweils unten auf ein DIN-A4-Blatt:

1. Wegwerfen	5. Ablage bekannt
2. Delegieren	6. Ablage unbekannt
3. Aufgaben allgemein	7. Lesen
4. Aufgaben dringend	8. Technik/EDV

Die DIN-A4-Blätter legen Sie mit gutem Abstand in einer Reihe auf den Boden, sodass Sie nach und nach das zugehörige Material darauf stapeln können (und die Beschriftung vorne lesbar bleibt).

Nun gehen Sie alle Papierstapel durch und entscheiden bei jedem Blatt, welcher Kategorie es zuzuordnen ist.

Tipp: Wenn sich die Stapel bei Ihnen in Grenzen halten: Sortieren Sie gleich mit dem Stift vor!

Wenn Sie abschätzen können, dass Sie das Vorsortieren in weniger als einer Stunde über die Bühne bekommen werden, können Sie auch gleich mit einem Stift an die Aufgabe gehen: Notieren Sie dann beispielsweise

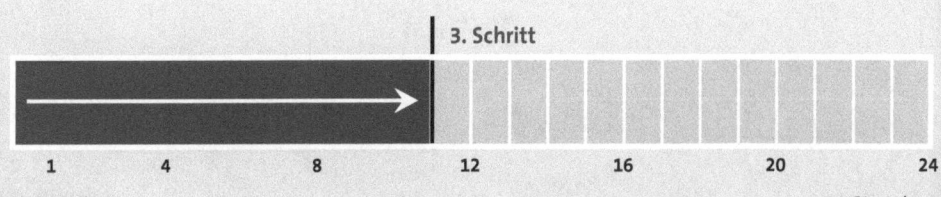

3. Schritt

| 1 | 4 | 8 | 12 | 16 | 20 | 24 |

1 Stunde   24 Stunden

- auf den Aufgaben unter 2. *Delegieren* gleich ein Kürzel (wer's erledigen soll) und ein Datum (bis wann es erledigt werden muss),
- auf den Aufgaben unter 3. *Aufgaben allgemein* und 4. *Aufgaben dringend* ein Kürzel, was Sie bis wann damit tun wollen,
- auf Unterlagen, die zur Kategorie 5. *Ablage bekannt* gehören, einen Ablagevermerk.

Das hat den Vorteil, dass Sie dann bei der Weiterverarbeitung vieles nicht noch einmal genau ansehen müssen. Abzuraten ist von dieser Methode jedoch, wenn in Ihrem Büro viele hohe Stapel aufs Sortieren warten: Denn dann ist die Gefahr sehr groß, dass Sie sich verzetteln und nicht in einem Schwung durchkommen ■

1. Wegwerfen

Dies ist Ihre allerwichtigste Kategorie. Fragen Sie sich bei jedem Blatt Papier zuallererst, ob Sie es nicht wegwerfen können. Denn alles, was Sie jetzt, beim Vorsortieren, bereits entsorgen, müssen

Sie im nächsten Schritt nicht noch einmal zur Hand nehmen! Seien Sie also gnadenlos, treffen Sie direkt eine Entscheidung.

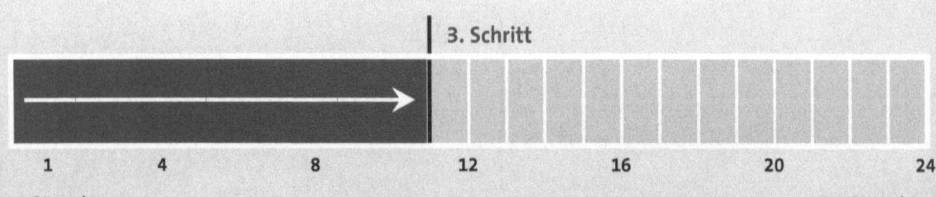

3. Schritt

1   4   8   12   16   20   24

1 Stunde   24 Stunden

Sie werden übrigens feststellen: Je länger Sie mit dem Sortieren beschäftigt sind, umso stärker wird Ihr Widerwille gegenüber all diesem Papier und entsprechend größer wird Ihre Bereitschaft zum Wegwerfen. Außerdem wird Ihnen die Zuordnung zu den acht Kategorien zunehmend leichter fallen. Bleiben Sie also am besten diszipliniert dran, auch wenn Sie irgendwann keine große Freude mehr daran haben.

Tipp: 4 Fragen, die Ihnen beim Wegwerfen helfen – und eine Auswahl überflüssiger Schriftstücke

Wenn Sie über Wegwerfen oder Behalten im Zweifel sind, können Ihnen folgende Fragen helfen:

- *Ist es eine Kopie?* Wenn Sie das Original besitzen, werfen Sie die Kopie weg. Grundsätzlich.
- *Von wann ist es?* Wenn das Schriftstück älter als ein Jahr ist und keiner Aufbewahrungsfrist unterliegt, kann es meist weg.
- *Werde ich jemals Zeit haben, das zu lesen?* Seien Sie ehrlich: Werden Sie die »300 Tipps für Windows 3.1« jemals (wieder) durchsehen?
- *Wofür genau brauche ich es?* Angenommen, es würde gestohlen oder verbrennen – würden Sie es vermissen?

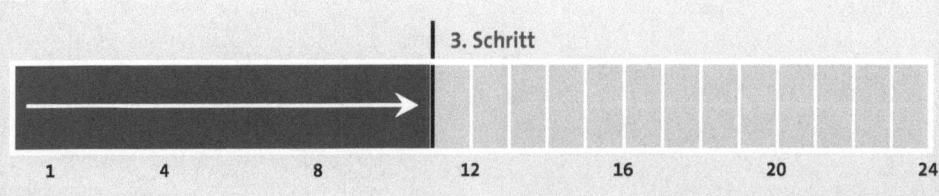

3. Schritt

Anregungen für weitere entsorgbare Unterlagen:

- alte Telefonbücher und Telefonlisten sowie Visitenkarten, deren Daten Sie bereits in Ihr Adresssystem übertragen haben
- Zeitungen, die älter als eine Woche sind
- Kataloge und Prospekte, die älter als ein Jahr sind
- Zeitschriften, die keine Artikel enthalten, die Sie langfristig brauchen
- Briefpapier mit nicht mehr aktuellen Daten
- Landkarten, die älter sind als drei Jahre oder von Ländern stammen, die Sie in den nächsten zwei Jahren nicht besuchen werden
- Unterlagen aus Schul- oder Studienzeiten
- alte Grußkarten
- Wandkalender der vergangenen Jahre (trotz der schönen Bilder)
- Gebrauchsanleitungen von Geräten, die Sie gar nicht mehr besitzen
- Garantieurkunden, die älter sind als die Garantiezeit (europaweit: mindestens zwei Jahre)
- Dokumente (Faxe, Berichte, ausgedruckte E-Mails), die Sie »nur zur Info« bekommen haben oder die Informationen zu längst abgeschlossenen Vorgängen enthalten ■

3. Schritt

| 1 | 4 | 8 | 12 | 16 | 20 | 24 |

1 Stunde   24 Stunden

2. Delegieren

Unter diese Kategorie fällt alles,

- was eine Aufgabe ist,
- was aber nicht von Ihnen selbst erledigt werden muss bzw. was von einem anderen preiswerter, schneller oder besser erledigt werden kann.

Wenn Sie keine Mitarbeiter und auch keine Sekretärin/Assistentin haben, an die Sie delegieren könnten, fragen Sie sich dennoch, ob Sie wirklich alles selbst erledigen müssen. Lohnt es sich, für Spezialaufgaben einen externen Spezialisten zu engagieren? Oder können Sie sich für Routineaufgaben Hilfe holen – einen Studenten engagieren, Schreibarbeiten an ein Schreibbüro geben etc.?

3. Aufgaben allgemein und
4. Aufgaben dringend

Hier versammeln Sie alle Unterlagen, die von Ihnen selbst irgend-eine Aktivität erfordern: von der Idee, die Sie ausarbeiten wollen, bis zum einfachen Telefonat, das Sie noch führen müssen.

- Wenn es sich um eine Aufgabe handelt, die Sie innerhalb der nächsten beiden Tage erledigen müssen (und realistisch gesehen auch erledigen können), legen Sie sie in die Kategorie *4. Aufgaben dringend.*
- Die anderen gehören zu *3. Aufgaben allgemein.*

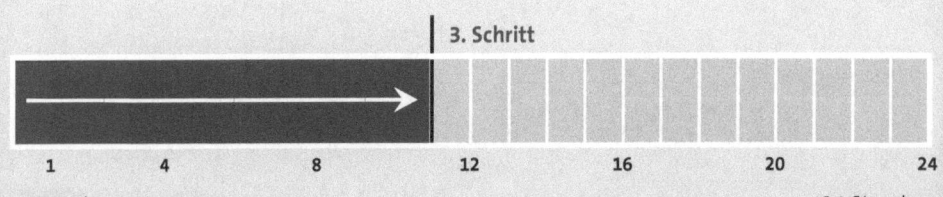

3. Schritt

| 1 | 4 | 8 | 12 | 16 | 20 | 24 |

1 Stunde   24 Stunden

Auf einen der beiden Aufgaben-Stapel gehört auch »Kleinkram« wie

- die Post-its, die vorher um Ihren Bildschirm herum klebten (»Abbildung XY anfordern«, »Meier bis 26. März in Urlaub«),
- die Visitenkarten, die auf dem Schreibtisch lagen und ins Adressregister übertragen werden sollen, oder
- der Arzttermin von der Pinnwand, der in den Kalender eingetragen werden muss.

5. Ablage bekannt und
6. Ablage unbekannt

In diese beiden Kategorien fallen alle Unterlagen, die Sie aufbewahren müssen oder wollen: aus rechtlichen Gründen, entsprechend den gesetzlichen Aufbewahrungsfristen oder weil sie firmenintern bzw. für Sie persönlich von dokumentarischem Interesse sind.

- Zur Kategorie 5. *Ablage bekannt* kommen alle Unterlagen, für die es in Ihrem Büro bereits einen festen Ablageort gibt (einen Ordner, eine Hängemappe) und die Sie nur aus Zeitmangel noch nicht abgelegt hatten.
- Dann stoßen Sie sicherlich auch auf Dokumente, die Sie aufbewahren möchten oder müssen, für die in Ihrem Ablagesystem aber noch kein Ort vorgesehen ist: Die legen Sie zur Kategorie 6. *Ablage unbekannt.*

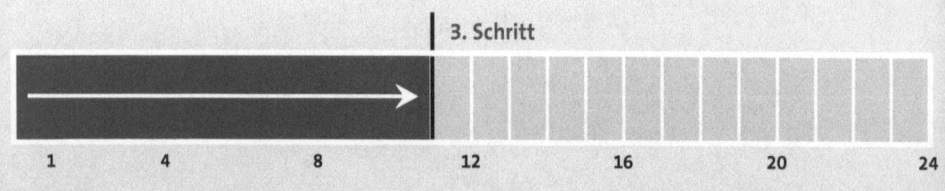

3. Schritt

1   4   8   12   16   20   24

1 Stunde   24 Stunden

Legen Sie Zweifelsfälle am besten sofort auf den Stapel 6. *Ablage unbekannt*, statt lange nach einer möglichen vorhandenen Ablagekategorie zu suchen. Denn dieser Stapel hilft Ihnen später dabei, eine sinnvolle Ablagestruktur festzulegen.

7. Lesen

Wichtigste Regel für Ihren Lektürestapel: Hier sammeln Sie nur das, was Sie tatsächlich noch nicht gelesen haben. Drei Beispiele:

- All jene fotokopierten oder herausgerissenen Artikel, die Sie bereits gelesen oder auch nur überflogen haben, gehören entweder ins Altpapier – oder sie kommen, wenn Sie sie wirklich aufheben möchten, in eine der beiden Ablagekategorien *5. bekannt* bzw. *6. unbekannt*.

- Zeitungen oder Zeitschriften, die Sie bereits durchgesehen haben, gehören auch ins Altpapier. Wenn Sie sie archivieren, kommen sie in der richtigen Chronologie in den entsprechenden Stehsammler oder Ordner.

- Bei Internet-Ausdrucken, die Sie nur um der Quelle willen aufheben, umkreisen Sie die Adresse und legen sie zu *3. Aufgaben allgemein*: Dann können Sie sich die Adresse später notieren oder unter Ihren Favoriten abspeichern und den Text selbst wegwerfen.

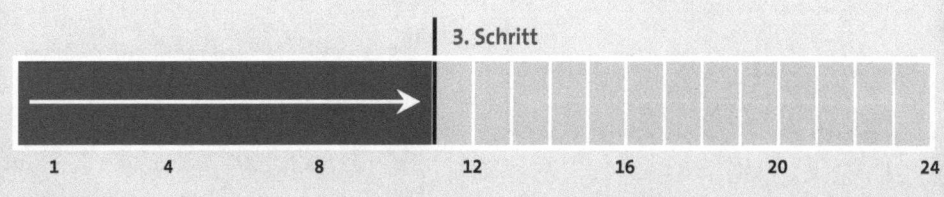

| 3. Schritt |
| 1 4 8 12 16 20 24 |
| 1 Stunde   24 Stunden |

Tipp: **Stapel entstehen, wenn Sie Jäger und Sammler zugleich sind**

Fast jeder nutzt inzwischen die Vorteile des Internets und beschafft sich dort Informationen jeder Art – der Instinkt des Jägers in uns lässt grüßen! Gleichzeitig jedoch pflegen wir weiterhin unseren Sammlerinstinkt, der noch aus Zeiten stammt, als Informationen schwer zugänglich und erjagte Daten wertvolle Beutestücke waren. Diese Kombination sorgt inzwischen für echte Papierprobleme auf dem Schreibtisch und in der Ablage.

Die Empfehlung lautet also: Wenn Sie dem Internet bei der Beschaffung von Informationen vertrauen, vertrauen Sie ihm doch gleichermaßen bei der Wiederbeschaffung. Machen Sie den Test mit einem beliebigen Dokument aus Ihrem Archiv: Mit großer Wahrscheinlichkeit kann Ihnen eine Suchmaschine wie z. B. www.google.de die gleichen Informationen (wenn nicht sogar aktuellere) liefern. Und selbst wenn Sie bei einer Datenbank (gut: die Wirtschafts- und Pressedatenbank www.genios.de) etwas dafür bezahlen müssen: Die Ordnung lohnt sich!

Bei der Frage »Ausdrucken oder nicht?« lautet die Antwort: Lesen Sie kürzere Informationen auf dem Bildschirm. Längere Texte sollten Sie ausdrucken: Zum einen Ihren Augen zuliebe,

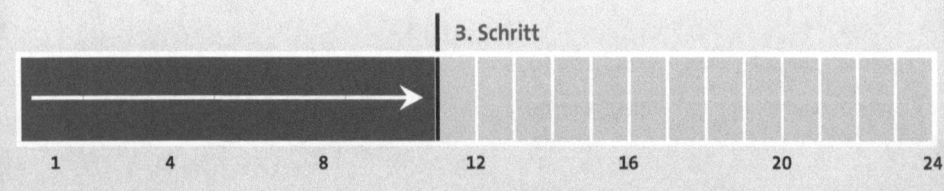

zum anderen, um Leseort und -zeit selbst bestimmen zu können und weil Sie auf Papier viel schneller und genauer lesen, wie Untersuchungen bestätigt haben. Aber dann: keine unnötige Ehrfurcht vor dem Papier! Werfen Sie weg, was Sie mit einer Wahrscheinlichkeit von 80 Prozent im kommenden Jahr nicht noch einmal brauchen werden – danach ist es ohnehin veraltet –, oder jederzeit anderswo recherchieren können■

8. Technik und EDV

In dieser 8. Kategorie sammeln Sie alles, was Ihnen an Betriebsanleitungen, Handbüchern, Garantiescheinen, Geräterechnungen und Ähnlichem in die Hände fällt.

Wenn in den Stapeln noch die eine oder andere CD-ROM oder DVD verborgen war, sammeln Sie diese am besten auch zunächst hier. Sie können sie dann am Ende des Vorsortierens in Ihre CD-ROM-Sammlung einordnen.

Räumen Sie jetzt die 8 Kategorien weg – endgültig bzw. provisorisch

Nun gehen Sie daran, die einzelnen Kategorien abzuarbeiten:

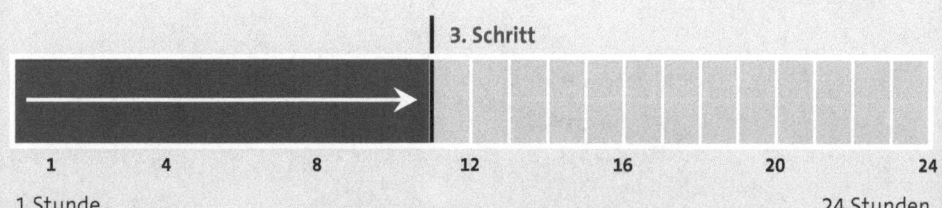

| 3. Schritt |
| 1 4 8 12 16 20 24 |
| 1 Stunde   24 Stunden |

1. Wegwerfen

Das ist die beste Kategorie: Geben Sie einfach den ganzen Stapel unbesehen zum Altpapier.

2. Delegieren,
3. Aufgaben allgemein und
4. Aufgaben dringend

Bringen Sie diese drei Stapel jeweils in einem Aktendeckel oder in einer Sichthülle unter (das DIN-A4-Blatt mit der Kategorienbezeichnung kommt zuoberst), und legen Sie sie auf den Schreibtisch – um diese Aktivitäten kümmern Sie sich im 5. Schritt.

5. Ablage bekannt

Diese Kategorie lösen Sie gleich auf: Sortieren Sie die Dokumente grob nach Ablageort vor (was gehört zu den Arbeitsunterlagen an Ihrem Schreibtisch, was in Regale und Schränke im Büro, was kann raus ins Archiv?), und bringen Sie dann die einzelnen Dokumente am entsprechenden Ort unter.

6. Ablage unbekannt

Die Unterlagen, die in Ihrem Ablagesystem noch keinen Ort haben, packen Sie ebenfalls in einen Aktendeckel oder in eine Sichthülle und legen sie zunächst noch einmal beiseite.

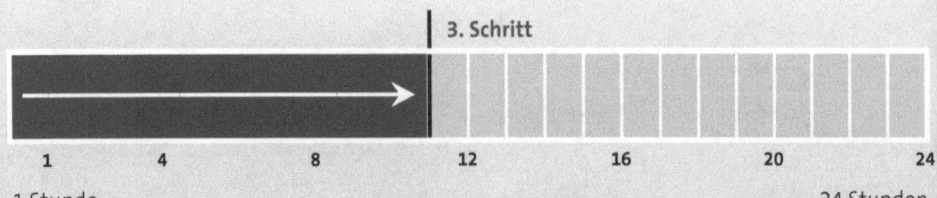

3. Schritt

| 1 | 4 | 8 | 12 | 16 | 20 | 24 |

1 Stunde   24 Stunden

7. Lesen

- Bücher, die noch auf die Lektüre warten, kommen ins Bücherregal. Entweder reservieren Sie dort einen separaten Regalmeter dafür – oder Sie ordnen sie einfach unter den anderen Büchern ein, kennzeichnen sie jedoch mit einem Post-it als ungelesen.

- Für noch zu lesende Zeitungen und Zeitschriften reservieren Sie einen separaten Ort: Sinnvoll ist die liegende Aufbewahrung im Regal. Begrenzen Sie den Stapel auf die vom darüber liegenden Regalbrett vorgegebene Höhe: Sobald nichts mehr auf den Stapel passt, legen Sie entweder eine zusätzliche Lektürestunde ein, oder Sie entsorgen vom Boden des Stapels das, was inzwischen ohnehin nicht mehr aktuell ist.

- Für Internet-Ausdrucke, Zeitungsartikel etc. sollten Sie sich eine einfache Sichthülle als Lektüremappe anlegen, die Sie immer bei sich haben und bei Wartezeiten oder während der morgendlichen Zugfahrt systematisch durchgehen. Gewöhnen Sie sich an, Gelesenes daraus entweder sofort wegzuwerfen oder direkt mit einem Ablagevermerk zu versehen.

8. Technik und EDV

Für Gebrauchsanweisungen und Handbücher können Sie – je nach Menge – entweder einen Stehsammler einrichten oder einen Platz im Regal reservieren. Auf jeden Fall sollte alles ohne Ausnahme an einem (gut zugänglichen) Ort versammelt sein: Dann

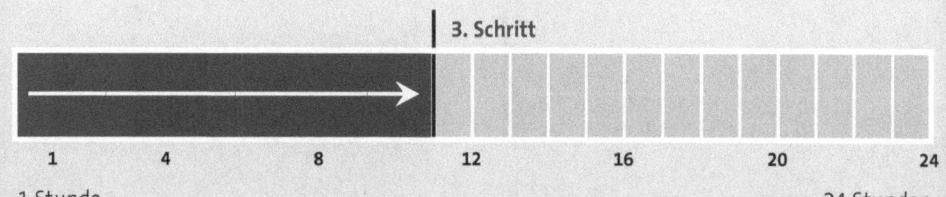

3. Schritt

| 1 | 4 | 8 | 12 | 16 | 20 | 24 |

1 Stunde   24 Stunden

wissen Sie auch bei seltener genutzten Anleitungen sofort, wo Sie sie finden können.

Für das Drumherum (wie Garantieschein, Rechnung, vom Hersteller beigelegte Beschriftungsetiketten) richten Sie am besten einen Ordner ein, in dem jedes Gerät seine eigene Prospekthülle erhält. Legen Sie keine losen Blätter in die Handbücher ein – irgendwann fallen sie sicher heraus und gehen verloren.

Tipp: Gebrauchsanweisungen handlicher machen – mithilfe einer Papier-Diät und Post-its

Sparen Sie Platz, indem Sie Gebrauchsanweisungen, die ja fast immer mehrsprachig sind, abspecken! Werfen Sie einfach alle fremdsprachigen Teile weg. Im verbliebenen Teil kennzeichnen Sie alle Seiten, die Sie immer mal wieder brauchen, mit beschrifteten Post-its: wie beispielsweise die Belegung der Kurzwahltasten bei Telefon und Fax oder bestimmte Programmierungsbefehle bei Video und DVD. Das wird die Unlust, nach der Anleitung zu greifen, deutlich senken. Zur Kennzeichnung können Sie auch Index-Haftstreifen aus Kunststoff benutzen: Die sind eleganter (und altern nicht so sichtlich wie einfache Post-its aus Papier), haben aber den Nachteil, dass sie sich nicht beschriften lassen ■

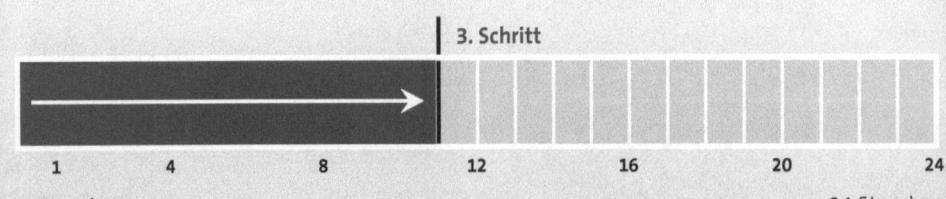

3. Schritt

| 1 | 4 | 8 | 12 | 16 | 20 | 24 |

1 Stunde   24 Stunden

Checkliste: **Unterlagen vorsortieren**

DIN-A4-Blätter mit den acht Kategorien beschriften und auf dem Boden bereitlegen. Alle Unterlagen durchgehen und den Kategorien zuordnen: ☑

☐ 1. Wegwerfen: alles, was veraltet ist, was Sie doppelt haben, was Sie wahrscheinlich nie wieder brauchen oder was Sie sich notfalls wieder besorgen können.

☐ 2. Delegieren: alles, was ein anderer schneller, besser oder kostengünstiger erledigen kann.

☐ 3. Aufgaben allgemein: alle Unterlagen, die von Ihnen irgendeine Aktivität erfordern, die also eine Aufgabe darstellen. Was davon in den nächsten beiden Tagen erledigt werden muss, gehört zu

☐ 4. Aufgaben dringend.

☐ 5. Ablage bekannt: alle Unterlagen, bei denen klar ist, wo sie abgelegt werden müssen. Der Rest kommt zur Kategorie

☐ 6. Ablage unbekannt.

☐ 7. Lesen: Zeitungsartikel, Internet-Ausdrucke etc., die noch nicht gelesen wurden. Die bereits gelesenen können weg oder auf den Ablagestapel.

☐ 8. Technik und EDV: Betriebsanleitungen, Garantiescheine etc.

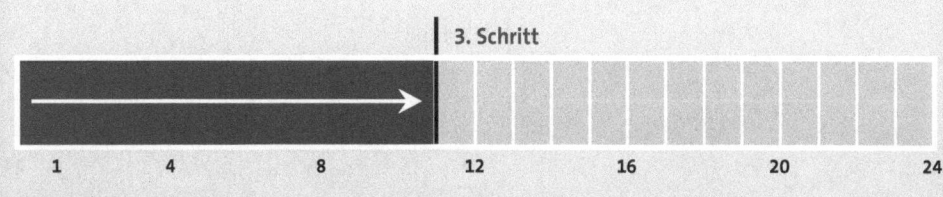

	3. Schritt					

Die acht Kategorien wegräumen:

☐ 1. Wegwerfen: Der Stapel kommt ins Altpapier.

☐ 2. Delegieren, 3. Aufgaben allgemein, 4. Aufgaben dringend und 6. Ablage unbekannt: in separaten Sichthüllen auf den Schreibtisch legen.

☐ 3. Ablage bekannt: Unterlagen in die Ablage integrieren, also direkt dort ablegen, wo sie hingehören.

☐ 4. Lesen: Bücher ins Regal einordnen, für Zeitschriften ein Lektürefach einrichten, für einzelne Artikel eine Lektüremappe anlegen.

☐ 5. Technik und EDV: Betriebsanleitungen, Handbücher ins Regal stellen (mit oder ohne Stehsammler); für Garantiescheine etc. einen Ordner einrichten.

Sieht schon ganz gut aus, nicht wahr?

Nehmen Sie sich jetzt Zeit, den Blick durch Ihr Büro wandern zu lassen: Da hat sich wahrscheinlich viel verändert in den vergangenen Stunden. Genießen Sie den freien Raum!

Der kommende Schritt wird das Herzstück Ihrer Aufräumaktion sein: die Einrichtung eines auf Sie persönlich zugeschnittenen Ablagesystems. Denn solch eine Ablage garantiert Ihnen, dass Sie die mit viel Energie geschaffene Ordnung mit wenig Aufwand beibehalten können. In Zukunft brauchen Sie dann keine

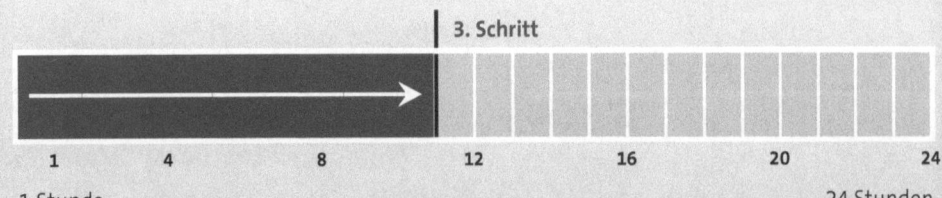

3. Schritt

1   4   8   12   16   20   24
1 Stunde   24 Stunden

großen Aufräumaktionen mehr. Ein paar schnelle Handgriffe täglich reichen.

Einkaufsliste: Fehlt etwas für die Umsetzung von Schritt 3?

☐ Aktendeckel
☐ Sichthüllen
☐ Stehsammler
☐ Ordner
☐ Prospekthüllen mit Abheftstreifen
☐ Post-its
☐ Index-Haftstreifen
☐ Ihre Ergänzungen: . . . .
. . . .
. . . .
. . . .
. . . .
. . . .
. . . .
. . . .
. . . .
. . . .

☑

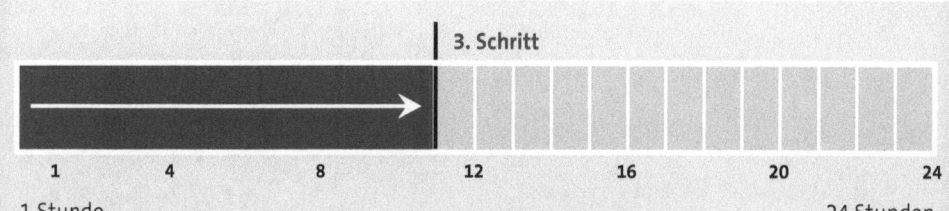

3. Schritt

| 1 | 4 | 8 | 12 | 16 | 20 | 24 |

1 Stunde   24 Stunden

4.

Ablagesystem:
Praxisorientiert planen,
optimal einrichten

Schritt 4 (circa 6 Stunden)

■ Erst planen, dann einräumen!

Bei Ihren Unterlagen folgen Sie demselben Prinzip wie bei Ihren Arbeitsmaterialien im 2. Schritt: Verabschieden Sie sich von Überlegungen, wie und wo Unterlagen bisher aufbewahrt wurden, sondern entscheiden Sie, wie Sie zukünftig optimalen Zugriff darauf haben. Dafür erstellen Sie zunächst auf Papier einen Ablageplan. Folgende Voraussetzungen sollte Ihr Ablageplan bzw. Ihr Ablagesystem erfüllen:

- **Selbsterklärende Beschriftung:** Zugriff und Ablage müssen direkt über Suchbegriffe auf den Schriftgutbehältern möglich sein. Kein Mensch will erst lange Aktenzeichen decodieren oder geheimnisvolle Nummernsysteme entschlüsseln, um das Gesuchte zu finden. Ihr Ablagesystem sollte so eindeutig und verständlich sein, dass auch Ihre neuen Mitarbeiter oder Urlaubsvertretungen in Ihrer Abwesenheit sofort etwas damit anfangen können.

- **Keine Überschneidungen:** Die in Ihrem Ablagesystem enthaltenen Suchbegriffe müssen eindeutig voneinander abgegrenzt sein. Eine bestimmte Information darf daher nur mit einem bestimmten Begriff gekennzeichnet sein. Benutzen Sie also beispielsweise nicht unterschiedliche Begriffe für Ihren Schriftverkehr wie »Korrespondenz«, »Briefe« oder »Schriftwechsel«, sondern entscheiden Sie sich für einen einzigen Begriff, der von allen Benutzern des Ablagesystems einheitlich verwendet wird.

4. Schritt

1   4   8   12   16   20   24
1 Stunde   24 Stunden

- **Nutzungsorientiert:** Ihr Ablageplan muss eine sinnvolle Strukturierung von Unterlagen ermöglichen. Alle Unterlagen zu einem bestimmten Thema müssen über den Ablageplan zusammengeführt werden, sodass Sie sie bei Bedarf nicht aus verschiedenen Ordnern oder anderen Behältern zusammensuchen müssen.

- **Visuelle Ordnungshilfe:** Mithilfe des Ablageplans soll die Reihenfolge der Schriftgutbehälter, also Ordner und Mappen im Aktenschrank, auch visuell fixiert werden, damit nicht mehr Folgendes passiert: Sie – oder einer Ihrer Mitarbeiter – nehmen einen Ordner heraus und stellen ihn später, weil dort gerade Platz ist, an eine ganz andere Stelle zurück. Auf diese Weise werden Ihre Aktenschränke zu »Verschiebebahnhöfen«, und Ihr Ablagesystem ist in kürzester Zeit aufgeweicht.

- **Erweiterungsfähig:** Außerdem muss Ihr Ablagesystem jederzeit erweiterungsfähig sein, etwa wenn neue Aufgabengebiete hinzukommen.

Sie können beim Erstellen Ihres Ablageplans je nach Vorliebe mit MindMaps oder mit Listen arbeiten (beide Möglichkeiten handschriftlich auf Papier oder im PC/Mac). MindMaps zeigen ihre besondere Stärke dann, wenn Sie ans Strukturieren Ihrer Ablagebegriffe gehen: Das Denken, Zuordnen und Ergänzen fällt den meisten Menschen bei dieser Darstellungsart leichter.

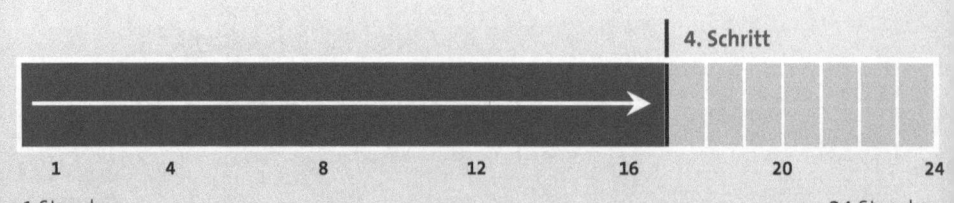

4. Schritt

| 1 | 4 | 8 | 12 | 16 | 20 | 24 |

1 Stunde   24 Stunden

Bestandsaufnahme: Erstellen Sie eine Liste aller Ablagebegriffe, zu denen Sie Unterlagen aufbewahren

Legen Sie sich eine Datei »Ablagebegriffe« auf dem PC an, oder nehmen Sie sich ein Blatt Papier. Notieren Sie dann – einfach untereinander weg – alle Ablagebegriffe, die augenblicklich in Ihrem Büro eine Rolle spielen:

- Am besten machen Sie dafür einen Rundgang, sehen sich Ihre Ordner, Stehsammler und Hängemappen an und tragen die verwendeten Ablagebegriffe in die Liste ein.

- Eine weitere Hilfe ist der Stapel 6. *Ablage unbekannt*, den Sie im vergangenen Schritt zunächst zur Seite gelegt hatten: Was gibt es dort an Unterlagen, für die Sie bisher keinen Ort hatten? Wie könnten entsprechende Ablagebegriffe heißen?

Die Begriffe, die sich hier ergeben, entsprechen natürlich Ihrem speziellen Aufgabengebiet: Die folgende Übersicht über mögliche Unterlagenarten und -bezeichnungen soll Ihnen deshalb nur als Anregung dienen:

- Abonnements (Zeitungen, Zeitschriften etc.)
- Auftragsanfragen
- Auftragsbestätigungen
- Banken
- Besprechungen (aktuell)
- Besprechungsprotokolle

4. Schritt

1 4 8 12 16 20 24
1 Stunde   24 Stunden

- Beteiligungen
- Briefbögen, Faxvorlagen etc.
- Buchhaltung
- Checklisten
- EDV
- Export
- Delegationen
- Fachinformationen (Artikel, Internet-Ausdrucke etc.)
- Formulare
- Gebäude (Miete, Stromrechnungen, Jahresabrechnungen etc.)
- Gesellschafter
- Ideen (Produkte, Projekte)
- Infomaterial
- Jahresabschluss
- Kfz/Dienstwagen
- Kunden (Kommunikation)
- Lieferanten
- Lieferscheine
- Löhne, Gehälter Marketing
- Marktforschung
- Mitarbeiter
- Mitgliedschaften (Vereine, Gesellschaften, Berufsorganisationen, Vielfliegerprogramme)

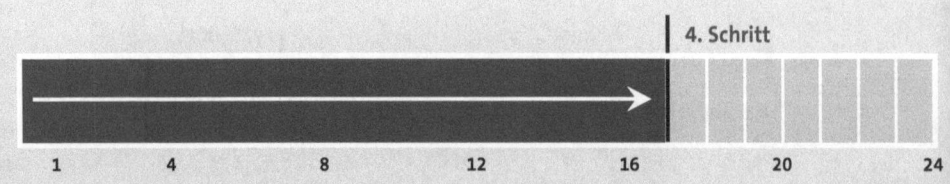

4. Schritt

| 1 | 4 | 8 | 12 | 16 | 20 | 24 |

1 Stunde   24 Stunden

- Partner (Kommunikation)
- Preislisten
- Produkte
- Projekte, abgeschlossen
- Projekte, laufend
- Prospekte
- Rechnungen
- Rechtswesen
- Reise
- Seminare (aktuell und Dokumentation)
- Statistiken
- Steuern
- Umsätze
- Unternehmensführung
- Urlaubsübersichten (Mitarbeiter)
- Verkaufsorganisation
- Versicherungen
- Verträge (Wartung, Handy etc.)
- Vertrieb
- Werbung, Verkaufsförderung

4. Schritt

1   4   8   12   16   20   24
1 Stunde   24 Stunden

Strukturieren: Legen Sie fest, welche Bereiche Ihre Ablage enthält

Sehen Sie sich nun die in Ihrer Liste versammelten Begriffe an, und versuchen Sie, sie grob verschiedenen Bereichen zuzuordnen. Folgende Bereiche fallen an den meisten Arbeitsplätzen an:

■ **Projekte, laufend:** Alle Unterlagen zu Ihren eigentlichen Arbeitsaufgaben, z. B. zu den Produkten oder Dienstleistungen, die Sie betreuen. Außerdem weitere Unterlagen, die mit dem jeweiligen Projekt zu tun haben, wie z. B. Auftragsbestätigungen, Lieferscheine, Kostenvoranschläge, Honorarauszahlungen an freie Mitarbeiter, Statistiken, Unterlagen zu Werbung und Vertrieb, Planung etc.

■ **Projekte, abgeschlossen:** Alle Unterlagen zu bereits abgeschlossenen Projekten, die aus Gründen der Dokumentation aufbewahrt werden.

■ **Personal bzw. Mitarbeiter:** Zum einen alles, was mit der Führung und Verwaltung von Mitarbeitern zu tun hat (sofern die Unterlagen nicht separat im Personalbüro aufbewahrt werden), wie Mitarbeiterverträge, Dokumente zum Stichwort Urlaub, Beförderung, Weiterbildung; außerdem Unterlagen zu Jahresgesprächen, Zielvereinbarungen etc. Davon getrennt die laufende Kommunikation mit den Mitarbeitern: Delegationen, Besprechungsnotizen etc.

■ **Kunden:** Unterlagen zur Kommunikation mit Kunden, Informationen zu Kunden.

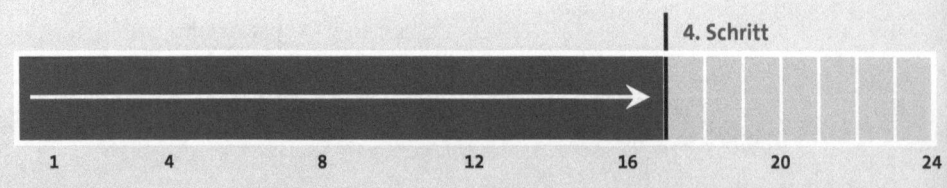

4. Schritt

| 1 | 4 | 8 | 12 | 16 | 20 | 24 |

1 Stunde   24 Stunden

- **Andere Kommunikationspartner:** Unterlagen zur Kommunikation beispielsweise mit Kollegen, externen Spezialisten, Lieferanten, freien Mitarbeitern, neutralen Informationsquellen (sofern diese nicht einem Projekt oder einem anderen Bereich zugeordnet werden), Partnern etc.

- **Verwaltung bzw. Administration:** Alle Unterlagen, die mit einem Verwaltungsaufwand zu tun haben, sofern die Unterlagen nicht separat in der Buchhaltung aufbewahrt werden, wie Versicherungen, Verträge (Miete, Wartung, Handy, Computer), Garantiescheine und Rechnungen von technischen Geräten, Abonnements (Zeitungen, Zeitschriften), Mitgliedschaften (Berufsgenossenschaft, Miles & More); außerdem Reisekostenabrechnungen, Urlaubsanträge etc.

- **Finanz- und Rechnungswesen bzw. Buchhaltung:** Hierunter fallen Rechnungen und Kontoauszüge, ggf. Kasse, alle Unterlagen, die mit dem Finanzamt zu tun haben, Rechnungen, die von externen Spezialisten oder freien Mitarbeitern kommen, etc.

- **Persönliches Archiv:** Informationen zu Ihrem Fachgebiet, beispielsweise Zeitungs- und Zeitschriftenartikel, Internet-Ausdrucke etc.

- **Persönliche Unterlagen:** Beispielsweise Ihre Jahresziele, Notizen zu Ihrem eigenen Jahresgespräch, Ihre Arbeitsplatzbeschreibung etc.

Weitere Bereiche können sich aus Aufgaben ergeben, zu denen sich regelmäßig Unterlagen ansammeln, wie beispielsweise:

Beispiel Ablageplan (1):
Mögliche Ablagebereiche mit entsprechenden Unterlagen

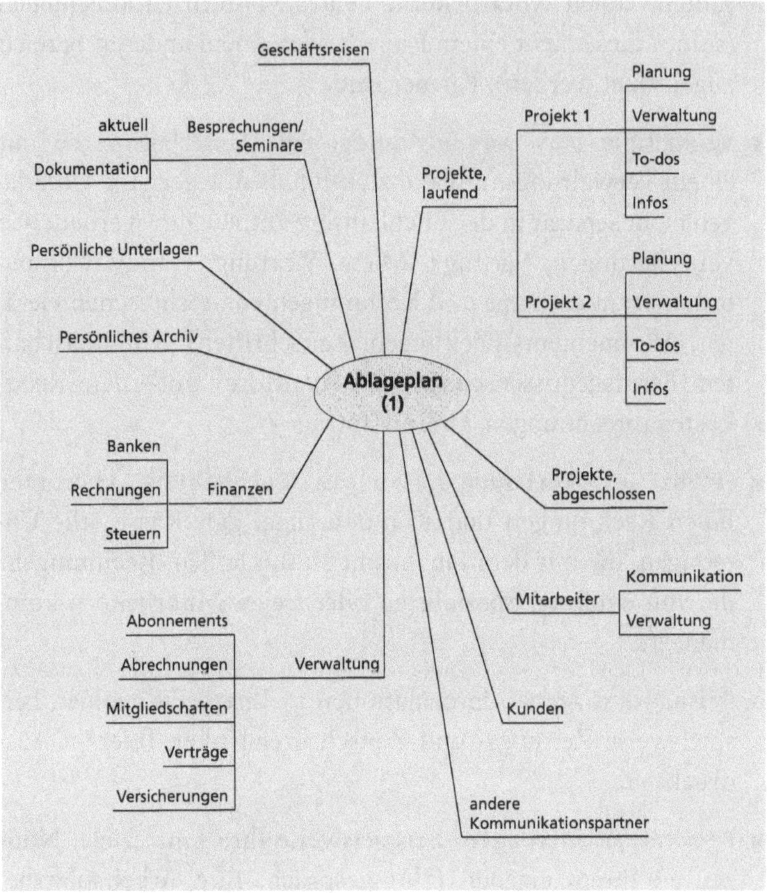

Geschäftsreisen

Planung

aktuell   Besprechungen/   Projekt 1   Verwaltung
          Seminare
Dokumentation   To-dos

                        Projekte,   Infos
                        laufend

Persönliche Unterlagen

                                    Planung

                        Projekt 2   Verwaltung

Persönliches Archiv   To-dos

                    Ablageplan   Infos
                        (1)

Banken

Rechnungen   Finanzen   Projekte,
                               abgeschlossen
Steuern

                                        Kommunikation

                            Mitarbeiter
Abonnements   Verwaltung

Abrechnungen   Verwaltung

Mitgliedschaften   Kunden

Verträge

Versicherungen   andere
                       Kommunikationspartner

■ **Besprechungen/Seminare:** Aufgeteilt in Dokumentationen
(Unterlagen von besuchten Seminaren, Protokolle von Besprechungen, eigene Besprechungsnotizen) und aktuelle Bespre-

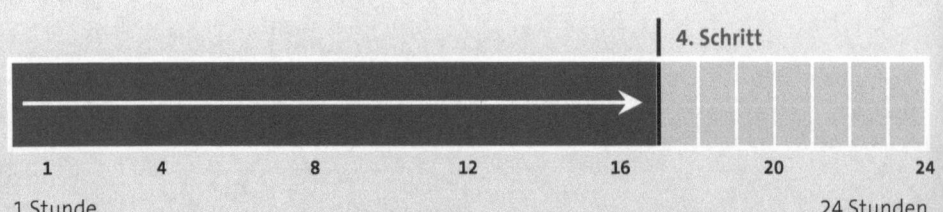

4. Schritt

1   4   8   12   16   20   24
1 Stunde   24 Stunden

chungsunterlagen (für die wöchentliche Mitarbeiterbespre-
chung).

▪ **Reise:** Unterlagen, die Sie für aktuelle Reisen brauchen.

In der Übersicht auf Seite 82 sehen Sie, wie ein entsprechend
strukturiertes MindMap aussehen kann.

**Tipp: Festlegen: Was wird Ober-, was Unter-
begriff?**

Bei der Festlegung von Ober- und Unterbegriffen
müssen Sie die Entscheidung treffen, ob Sie Unterlagenarten als Oberbegriffe wählen oder Projekte bzw. Produkte. Ein ganz einfaches Beispiel: Stellen Sie sich vor, Sie sind
als Produktmanager verantwortlich für die Produkte 1, 2 und
3. Zu jedem Produkt gibt es folgende Unterlagenarten: Statis-
tik, Vertrieb und Werbung.

Variante 1: Nun können Sie die Produkte als Oberbegriffe wählen und
den Produkten jeweils die Unterlagenarten unterordnen. Dann sähen
die entsprechenden Ordner so aus:

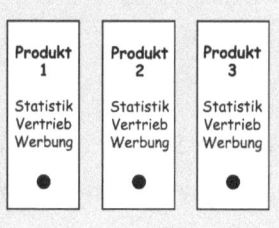

Variante 2: Oder Sie wählen die
Unterlagenarten als Oberbegriffe
(und ordnen ihnen die Produkte
unter). Das sähe folgendermaßen
aus:

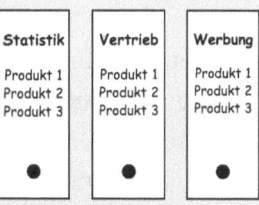

Empfehlung:

- Wenn Sie nur wenige Produkte betreuen, ist es meist günstiger, die Produkte als Oberbegriffe zu wählen, also Variante 1. Der größte Vorteil: Sie können jedem Produkt eine Ablagefarbe zuordnen, die bei allen Schriftgutbehältern (also: bei Ordnern, Mappen, Stehsammlern, selbst bei einfachen Sichthüllen) die gleiche ist, was Ihnen einen großen visuellen Vorteil verschafft.

- Dort, wo es sinnvoll ist, können Sie die beiden Systeme jedoch auch kombinieren. Typisches Beispiel dafür ist der Bereich »Kommunikation«. Meist werden sich Kommunikationspartner über Produkt- oder Projektgrenzen hinaus vermischen. Hier wäre es sinnvoll, die Unterlagenart »Kommunikation« als Oberbegriff zu wählen und als Unterbegriffe (von A–Z) die Namen der Ansprechpartner ■

Legen Sie für Ihre Ablagebereiche jeweils Aufbewahrungsarten fest

Nun legen Sie für alle Bereiche fest, wie die entsprechenden Unterlagen abgelegt werden sollen. Gelocht in Ordnern? Lose in Hängemappen oder in Einstellmappen? Oder in Stehsammlern?

Natürlich können Sie bei diesen Entscheidungen Ihre eigenen Präferenzen berücksichtigen – oder etwa im Auge behalten, wel-

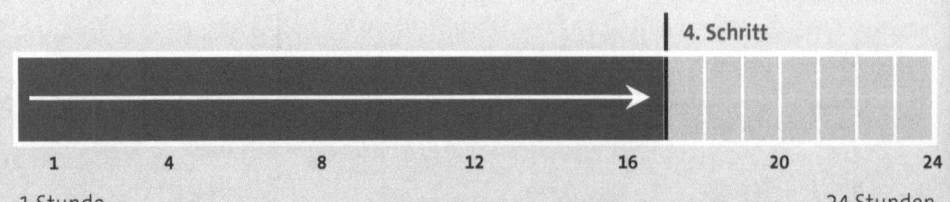

4. Schritt

1   4   8   12   16   20   24

1 Stunde   24 Stunden

che Registraturmöbel in Ihrem Büro zur Verfügung stehen. Aber ausschlaggebend sollte letztlich die Eignung der verschiedenen Ablagetechniken für bestimmte Unterlagenarten sein. Und wenn Sie über die Kosten nachdenken: Die Investition in geeignete Aufbewahrungssysteme macht sich sehr schnell bezahlt. Was nämlich bei den Kosten für die Dokumentenaufbewahrung wirklich zu Buche schlägt, sind nicht Möbel, Mappen etc., sondern Ihre Arbeitszeit – die Kosten für den Zeitaufwand, der durch Zugriff und Ablage einschließlich Wegezeiten entsteht. In Zahlen: Die Personalkosten machen durchschnittlich 90 Prozent aus, die Einrichtungskosten 8,6 und die Raumkosten 1,4 Prozent.

Je nachdem, welche Schriftgutbehälter Sie benutzen, können Sie Ihren Zeitaufwand für das Dokumenten-Handling um fast die Hälfte reduzieren. Hier eine Übersicht über Vor- und Nachteile der verschiedenen Techniken:

Der Ordner: Für Dokumente, die Sie nicht oft benötigen

Ein Büro ohne den klassischen Briefordner ist undenkbar: Ordner sind der Inbegriff der Büroorganisation. Das mag auch die Ursache dafür sein, dass noch immer Unterlagen in Ordnern aufbewahrt werden, die besser in Loseblattsystemen aufgehoben wären. Ordner haben nämlich einige gravierende Nachteile:

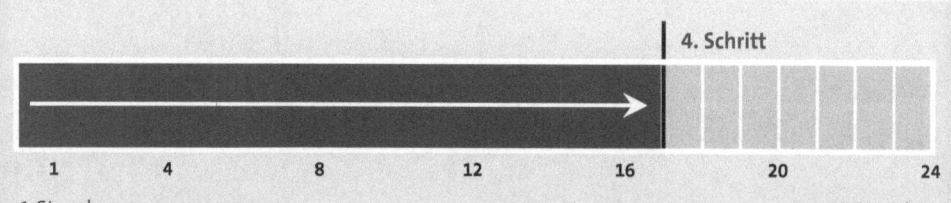

- *Sie sind schwer:* Ein gefüllter Briefordner wiegt fast vier Kilo.

- *Sie sind sperrig:* Die ausladenden Kartoneinbände beanspruchen viel Platz. Deshalb sieht man Menschen, die etwas ablegen oder heraussuchen, so häufig mit dem Ordner auf dem Teppich knien.

- *Sie sind zeitaufwändig im Handling:* Wenn Sie ein Dokument entnehmen oder ablegen, brauchen Sie dafür mehr als doppelt so viele Handgriffe wie bei der Loseblattablage.

Die großen Vorteile von Ordnern: Sie ermöglichen Dauerhaftigkeit und Vollständigkeit, die große Sammlung, das sichere Ablegen in eindeutiger Reihenfolge. Der Ordner ist also das perfekte Ordnungsmittel für eine Chronologie von Einzelblatt-Vorgängen, die kontinuierlich gesammelt werden sollen, wie durchlaufend nummerierte Rechnungen oder Auftragsbelege. Drei Kriterien, wann sich die Aufbewahrung in Ordnern wirklich lohnt:

- Das Schriftgutaufkommen für eine bestimmte Periode kann ungefähr abgeschätzt werden.

- Es gibt eindeutige Ordnungskriterien wie laufende Nummern, Daten oder das Alphabet.

- Das Schriftgut soll vollständig, sicher und geordnet quasi als »Handbuch« zur Verfügung stehen.

Für komplexe Vorgänge dagegen, die mithilfe von Schlagwörtern aus einem Ordnungssystem gegliedert werden müssen, ist die Loseblattablage in Hänge- oder Einstellmappen besser geeignet.

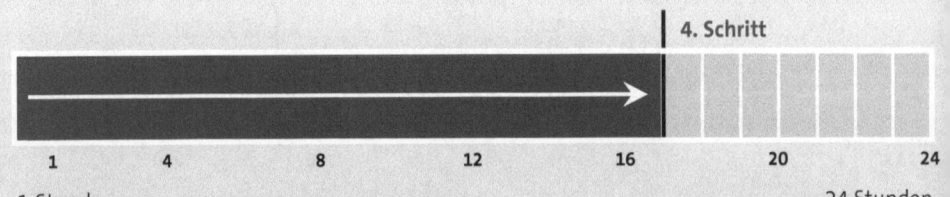

4. Schritt

1 4 8 12 16 20 24

1 Stunde 24 Stunden

Hängeregistratur geheftet: Nur in Ausnahmefällen zu empfehlen

Eine Hängeregistratur sollten Sie dann einsetzen, wenn Sie sich auch für die Loseblattablage entscheiden. Ausnahme: die »laterale Pendelregistratur«, bei der die Hängehefter nicht hinter-, sondern nebeneinander rücklings an einer Spezialschiene hängen. Diese ist dann sinnvoll, wenn Sie eine große Anzahl nicht allzu dicker Vorgänge wie Personal-, Kundenakten etc. unterbringen möchten. Es sollten allerdings Vorgänge sein, bei denen keine Zwischenheftung nötig ist – sonst müssen die oberen Blätter jedes Mal herausgenommen und dann wieder eingefädelt werden. Ist jeweils nur ein »Draufheften« erforderlich, hilft die Pendelregistratur, große Vorgangsmengen zugriffsschnell und Platz sparend unterzubringen.

Hänge- oder Einstellmappen loseblatt: Im Tempo nicht zu schlagen

Mit Hängemappen arbeiten Sie wahrscheinlich bereits, und Sie kennen die Vorteile, die dieses Aufbewahrungssystem zusätzlich zur Schnelligkeit gegenüber Ordnern hat:

■ Die Sichtreiter auf den Hängemappen können Sie entsprechend der Gliederung übersichtlich staffeln, sodass Sie auf einen Blick auch in die »Eingeweide« der Vorgänge sehen können – bei Ordnern sehen Sie immer nur die Überschriften auf den Ordnerrücken.

- Wollen Sie Hängemappen archivieren, stecken Sie sie einfach in spezielle Archivschachteln und stellen diese ins Archivregal. Die vertikale Hängeregistratur ist die einzige Technik, die Sie problemlos in allen Registraturstufen anwenden können – am Schreibtisch, im Büroschrank und im Archiv.

- Schließlich hindert Sie nichts daran, innerhalb einer Hänge-mappe Sichthüllen zur Gliederung zu benutzen oder teilweise auch zu heften. Qualitativ hochwertige Hängemappen haben am inneren Rand Schlitze, in die Heftstreifen eingezogen wer-den können. Bei kleinformatigen Dokumenten wie Quittun-gen können Sie so verhindern, dass sie zwischen die losen DIN-A4-Seiten rutschen.

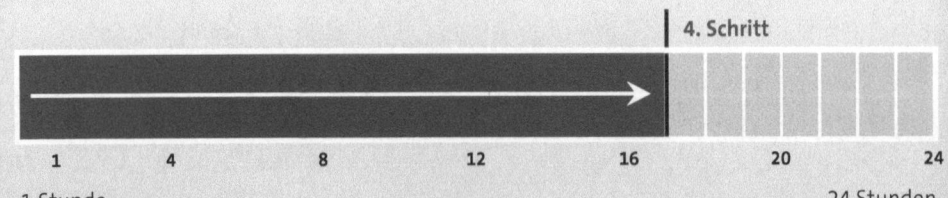

Mit den Einstellmappen haben Sie nun eine Sonderform der Loseblattablage: eine Dünnaktenablage, die alle Vorteile der Hängemappen mitbringt und einige wei-tere dazu:

- **Platz sparend:** Die Mappen selbst haben nicht mehr »Körper« als ein Aktende-ckel oder eine Sichthülle, da es keine Hängevorrichtung gibt. So bringen Sie in einer Box von zehn Zentimeter Tiefe 30 bis 40 Mappen unter, je nach deren Füllmenge.

- **Mobil:** Sie nehmen einfach die ganze Mappe mit auf die Reise oder in die Besprechung. Durch das DIN-C4-Format (315 x 225 Millimeter) passt die Mappe in jede Aktentasche.

4. Schritt

1   4   8   12   16   20   24

1 Stunde   24 Stunden

- **Schnell:** In einer halben Minute haben Sie eine neue Mappe angelegt. Sie ziehen eine Mappe und einen Etikettenbogen aus Ihrer Schreibtischablage, beschriften ein Selbstklebeetikett, kleben es auf die Mappe, stecken den Etikettenbogen zurück in die Ablage – fertig.

- **Differenziert:** Die Ablage erlaubt es Ihnen, Ihre Unterlagen sehr fein zu strukturieren. Das heißt: Sie können beispielsweise wirklich für jeden Ihrer Kommunikationspartner eine neue Mappe anlegen, ohne darüber nachzudenken, ob sich das »lohnt« – selbst für einen einzelnen Brief, der sonst vielleicht erst mal auf dem Schreibtisch liegen geblieben wäre.

- **Einfach auszulagern:** Die kleinen, in sich geschlossenen Vorgänge machen das Aussortieren einfach. Sie müssen nur die entsprechende Mappe herausziehen, wenn ein Vorgang abgeschlossen ist und damit Status und Ort wechselt, also beispielsweise von der »Arbeitsunterlage« (Aufbewahrung am Schreibtisch) zur »Nachschlageunterlage« wird (Aufbewahrung im weiteren Büro). So erleichtert es Ihnen das System, in Ihrer direkten Umgebung wirklich nur aktuelle Dokumente aufzubewahren. Am Ende kommt der Vorgang komplett mit Mappe und Reiter ins Archiv. Für die Unterbringung werden einfache Archivboxen aus Karton angeboten. Das ist die beste, weil schnellste Lösung.

Solch eine Dünnaktenablage ist also hervorragend geeignet für alle Bereiche, bei denen es ums feine Untergliedern, einfache Zugreifen und schnelle Ablegen geht: bei Ihren Produkten und Projekten, bei Ihrem persönlichen Archiv, bei einer großen Zahl

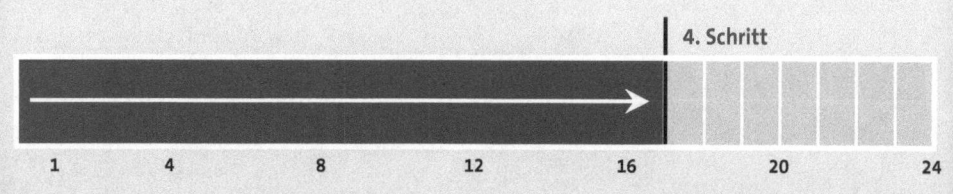

4. Schritt

1 — 1 Stunde

4

8

12

16

20

24 — 24 Stunden

von Kommunikationspartnern, denen Sie – von A–Z sortiert – jeweils eine eigene Mappe zuordnen können. Versprochen: Der einmalige Aufwand des Beschaffens zahlt sich vielfach aus!

Tipp: Schmal und einfach zu organisieren: So funktioniert die Dünnaktenablage

Für die Einrichtung einer Dünnaktenablage brauchen Sie nur die folgenden drei Elemente:

1. *Einstellmappen* – das sind einfache, gefalzte Aktenmappen aus Karton oder transparentem Kunststoff mit Seitenklappen und alphanumerischem Organisationsaufdruck, in die Sie Ihr Schriftgut lose einlegen,

2. *Selbstklebereiter* (in 13 Farben erhältlich), die Sie auf die Mappen kleben, und

3. *Boxen*, in die Sie die Mappen einfach einstellen.

Die Ablageboxen sind 325 Millimeter breit, 220 Millimeter hoch und 105 Millimeter tief. Es gibt sie aus Pappe, Kunststoff und Acryl. Zusammen mit den Einstellmappen passt so viel Schriftgut hinein wie in zwei bis drei Aktenordner, aber viel besser organisiert und zugänglich. So bringen Sie sie unter:

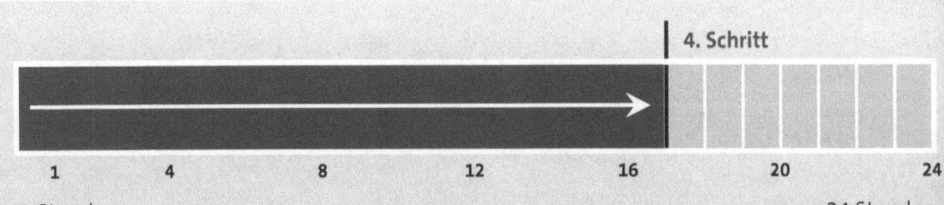

4. Schritt

1   4   8   12   16   20   24

1 Stunde   24 Stunden

- Einzelne Boxen mit ständig benötigten Vorgängen (wie z. B. Ihre Wiedervorlage) können Sie auch direkt auf Ihrem Schreibtisch deponieren.

- Ansonsten hängen Sie sie – mithilfe spezieller Clips – einfach in einen herkömmlichen Hängeregisterschrank ein (z. B. von Bisley/Smead).

- Wenn die Boxen thematisch gut geordnet sind und selten benutzte Unterlagen enthalten, können Sie sie auch ins Regal stellen. Sie passen hochkant auf praktisch alle Ordnerfachböden. Dann ist aber eine Frontbeschriftung wichtig.

Bitte beachten Sie: Die beiden großen Anbieter für Dünnaktensysteme sind die Firmen Mappei und Classei. Bei beiden können Sie direkt bestellen (www. mappei.de und www.classei.de)■

Stehsammler – für Prospekte und Ähnliches

Auch Stehsammler gehören zu den Loseblatt-Techniken. Bestens geeignet sind sie für die Aufbewahrung von Prospekten, Katalogen, Telefonbüchern etc. In den oberen Regalreihen Ihrer Schränke leisten sie für Sammelsurien jeder Art beste Dienste.

Nehmen Sie nun Ihre Unterlagenübersicht zur Hand, und tragen Sie dort neben jeder Unterlagenart ein, wie Sie diese aufbewahren wollen. Sie können dafür auch kleine Symbole nutzen.

4. Schritt

| 1 | 4 | 8 | 12 | 16 | 20 | 24 |

1 Stunde   24 Stunden

Beispiel Ablageplan (2): Das Festlegen von Ablageform-, -ort, -farbe für die Bereiche

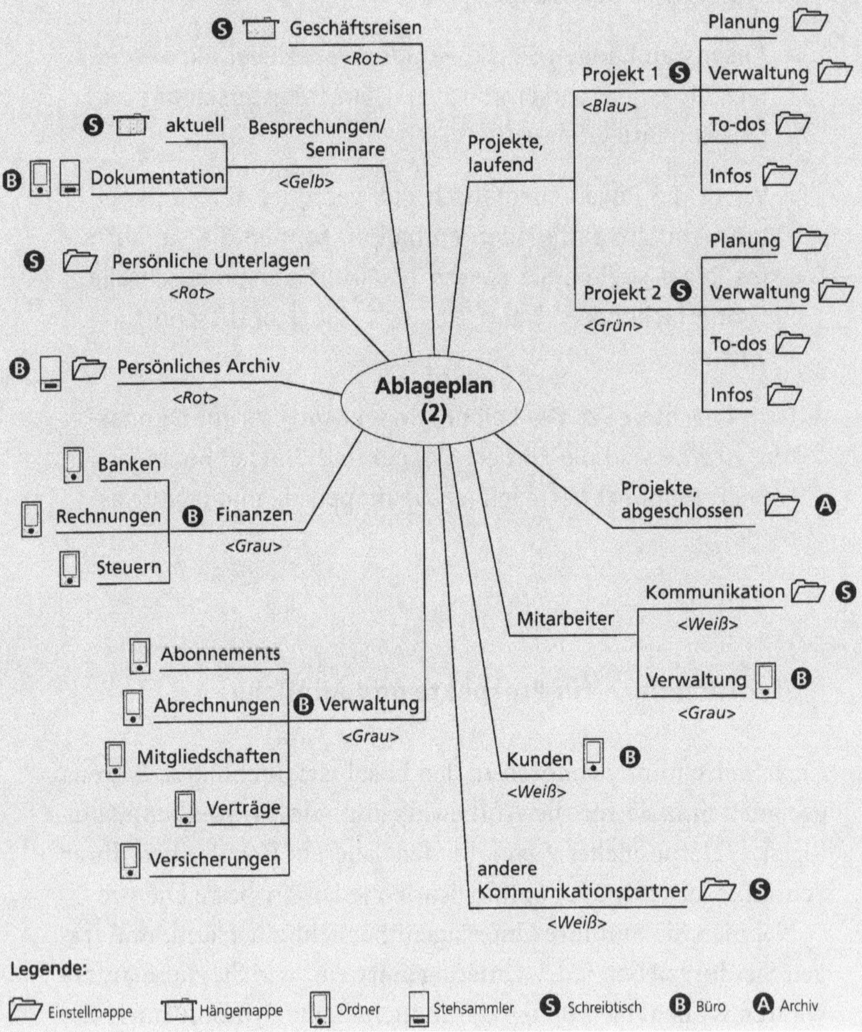

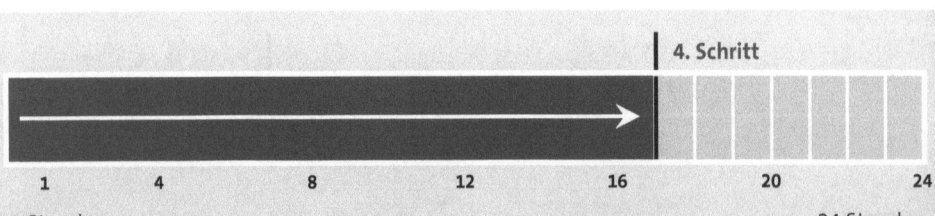

Ⓢ 🗄 Geschäftsreisen
<Rot>

Ⓢ 🗄 aktuell — Besprechungen/Seminare
Ⓑ 📱🖥 Dokumentation *<Gelb>*

Ⓢ 🗁 Persönliche Unterlagen
<Rot>

Ⓑ 📱🗁 Persönliches Archiv
<Rot>

📱 Banken
📱 Rechnungen — Ⓑ Finanzen
📱 Steuern *<Grau>*

📱 Abonnements
📱 Abrechnungen — Ⓑ Verwaltung
📱 Mitgliedschaften *<Grau>*
📱 Verträge
📱 Versicherungen

Ablageplan (2)

Projekte, laufend
Projekt 1 Ⓢ
<Blau>
— Planung 🗁
— Verwaltung 🗁
— To-dos 🗁
— Infos 🗁

Projekt 2 Ⓢ
<Grün>
— Planung 🗁
— Verwaltung 🗁
— To-dos 🗁
— Infos 🗁

Projekte, abgeschlossen 🗁 Ⓐ

Mitarbeiter
Kommunikation 🗁 Ⓢ
<Weiß>
Verwaltung 📱 Ⓑ
<Grau>

Kunden 📱 Ⓑ
<Weiß>

andere Kommunikationspartner 🗁 Ⓢ
<Weiß>

Legende:

🗁 Einstellmappe 🗄 Hängemappe 📱 Ordner 🖥 Stehsammler Ⓢ Schreibtisch Ⓑ Büro Ⓐ Archiv

4. Schritt

| 1 | 4 | 8 | 12 | 16 | 20 | 24 |

1 Stunde · 24 Stunden

Ordnen Sie Ihren Ablagebereichen Farben zu

Wenn Sie Ihre Unterlagen auch farblich kennzeichnen, hat das nicht nur einen ästhetischen Nutzen: Sie erhöhen damit auch noch einmal kräftig die Ablage- und Zugriffsgeschwindigkeit. Und Sie minimieren das Fehlplatzieren von Unterlagen – denn selbst wenig ordnungsliebende Mitarbeiter haben Hemmungen, einen grün markierten Ordner zwischen lauter rote zu stellen. Und wenn doch, ist ein falsch sortierter Ordner immerhin schnell identifiziert. Ordnen Sie also jetzt allen Bereichen eine Farbe zu.

Ob nun die Schriftgutbehälter selbst (wie Ordner, Hängemappen, Stehsammler) farbig oder nur mit farbigen Rückenschildern und anderen Etiketten versehen sind, bleibt Ihnen überlassen – Sie sollten nur einheitlich vorgehen. Wenn Sie Ihre Ordner nicht extra neu beschriften wollen, können Sie auch farbige Klebepunkte auf die vorhandenen Schilder setzen. Bringen Sie die Punkte jedoch nicht unten, sondern oben an den Ordnern an: Das Auge liest von oben nach unten.

Achten Sie bei der Farbzuordnung darauf, dass für Ordner, Ordnerrückenschilder, Klebepunkte, Sichthüllen, Hängemappen etc. in der Regel nur folgende fünf Stammfarben angeboten werden (und natürlich Weiß):

- Rot
- Blau
- Grün
- Gelb
- Grau

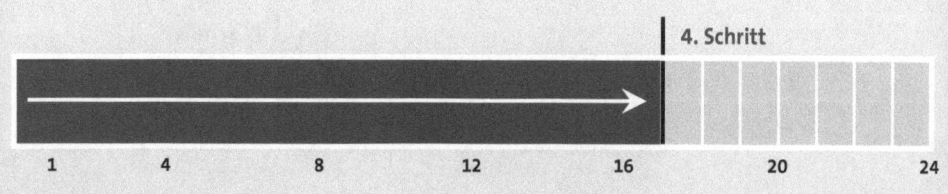

Bei der Dünnaktenablage von Mappei und Classei sind Sie besser dran: Bei den Klebeetiketten für die Einstellmappen können Sie unter 13 verschiedenen Farben wählen.

Tipp: Alternativ oder zusätzlich: Unterscheiden Sie bei Ihren Projektunterlagen die Unterlagenarten farbig

Sie können auch innerhalb eines Projekts die Unterlagenarten durch Farben voneinander absetzen. Schreiben Sie dafür auf, welche Unterlagenarten bei Ihren Aufträgen oder Projekten entstehen, und ordnen Sie diesen Rubriken dann Farben zu. Beispiel:

- *Blau:* Kalkulationen, Angebote, Auftragsbestätigungen, Kopien von Belegen über Anzahlungen oder Abschlagszahlungen;
- *Grau:* alles, was mit Materialbeschaffung zu tun hat;
- *Gelb:* Skizzen, Vermaßungen, Berechnungen, Entwürfe;
- *Grün:* fertige Pläne;
- *Rot:* alle neu hinzukommenden Notizen (bitte immer sofort mit Datum versehen!) und Korrespondenzen, die erst nach Bearbeitung in die anderen Rubriken überführt werden.

Unterbringung in einer Hängemappe: Legen Sie die Dokumente zu jeder Unterlagenart in eine entsprechend farbige Sichthülle ein (z. B. von Elba oder Leitz). Die Sichthüllen kom-

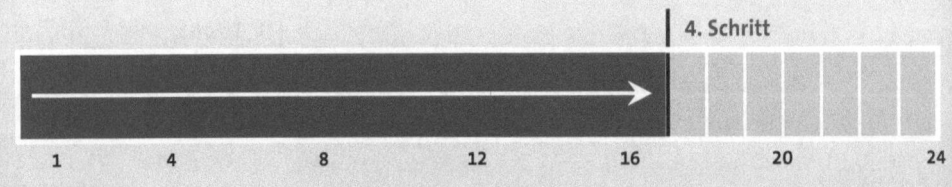

4. Schritt

1   4   8   12   16   20   24

1 Stunde   24 Stunden

men dann gesammelt in eine Hängemappe (gibt es auch mit festem Boden – z. B. mit zweieinhalb, fünf oder sechs Zentimeter Bodenbreite).

Unterbringung in Einstellmappen: Legen Sie für jede Unterlagenart eine eigene Einstellmappe an, die einen Reiter in der entsprechenden Farbe hat. Sammeln Sie alle Mappen eines Projekts entweder in einer eigenen Einstellbox oder in einer Einstellmappe mit festem Boden■

Legen Sie fest, an welchem Ort Sie Ihre Unterlagen unterbringen

Nun kommt die letzte Zuordnung: Wo werden Sie die jeweiligen Bereiche oder auch Teilbereiche unterbringen? Unterscheiden Sie hier nach dem Reichweite-Prinzip drei Bereiche:

Schreibtisch: Alles, was Sie täglich/wöchentlich brauchen

An den Schreibtisch, also bequem in direkte Griffnähe, gehören alle Unterlagen, mit denen Sie täglich oder zumin-

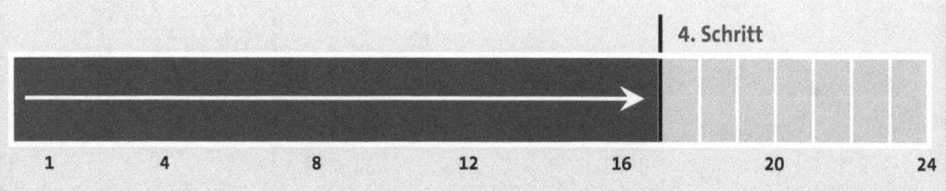

dest wöchentlich arbeiten und auf die Sie schnell zugreifen müssen. Das sind beispielsweise

- alle Dokumente, die mit Ihren aktuellen Projekten zu tun haben,
- Ihre Mitarbeitermappen (mit der aktuellen Kommunikation, Notizen, Delegationen etc.),
- Einstellmappen für Ihre anderen externen und internen Kommunikationspartner (sodass Sie etwa beim Telefonieren darauf zugreifen können),
- Hänge- oder Einstellmappen, in denen Sie kontinuierlich Material sammeln, etwa für Besprechungen oder Reisen.

Büro: Alles, was Sie immer mal wieder brauchen

In Schränken, Regalen und Registerschränken im Büro bringen Sie alle Unterlagen unter, auf die Sie mehrmals jährlich bis monatlich zugreifen, wie

- Ihr persönliches Themenarchiv,
- den Bereich Verwaltung mit Unterlagen zu Abos, Verträgen etc.,
- den Bereich Finanzen,
- Dokumentationen zum Bereich Besprechungen/Seminare,
- andere Unterlagen, die dem Bereich Dokumentation/Verwaltung angehören und die Sie nicht in Griffnähe unterbringen müssen, wie etwa Ordner mit Kundenunterlagen.

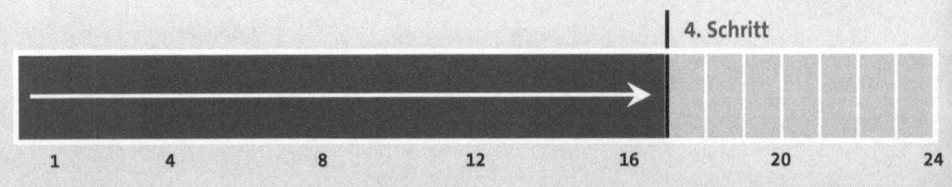

4. Schritt

| 1 | 4 | 8 | 12 | 16 | 20 | 24 |

1 Stunde   24 Stunden

Archiv: Alles, was nur aus Dokumentationsgründen aufgehoben wird

Hier haben Sie eine ganz einfache Möglichkeit, im Büro Platz zu schaffen! Unterlagen, die Sie nur aus rechtlichen Gründen (Aufbewahrungsfristen) oder aus firmeninternen Gründen (Dokumentation) aufbewahren, auf die Sie also nur im Ausnahmefall zugreifen, sollten Sie unbedingt auslagern. Wenn Sie kein offizielles Archiv haben, können Sie für diesen Zweck auch schlecht erreichbare Schrankfächer im Gang oder in einem anderen Raum nehmen.

Wie Sie Ihre Unterlagen dort unterbringen, hängt auch von deren Menge ab und – vor allem bei Ordnern – davon, wie gut die Schriftgutbehältnisse gefüllt sind, wenn sie ausgelagert werden. In der Regel ist es am praktischsten, die Unterlagen in ihren jeweiligen Behältnissen zu lassen. Ordner können Sie dann einfach aus dem Büroregal ins Archivregal umlagern; für Hänge- und Einstellmappen gibt es vom jeweiligen Hersteller Archivboxen oder -schränke, in die Sie die Mappen einhängen bzw. einstellen können.

Übrigens: Bevor Sie Ihre Unterlagen ins Archiv räumen, sollten Sie alle Ordner und Archivboxen mit einem Vernichtungsdatum kennzeichnen. Dann können Sie die entsprechenden Unterlagen einmal im Jahr einfach aussortieren und für nachrückende Platz schaffen.

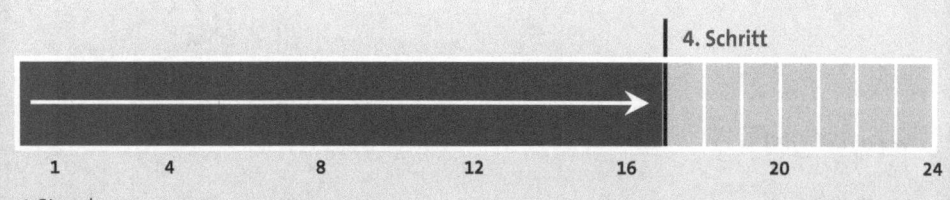

4. Schritt

| 1 | 4 | 8 | 12 | 16 | 20 | 24 |

1 Stunde

24 Stunden

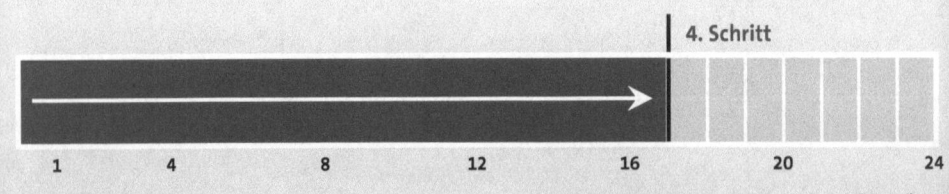

Tipp: So legen Sie Aufbewahrungsfristen für Ihre Unterlagen fest

Gesetzliche Aufbewahrungsfristen: Die üblichen Aufbewahrungsfristen für Ihre kaufmännischen Unterlagen betragen sechs bzw. zehn Jahre (eine Übersicht finden Sie im Anhang ab Seite 166). Als Ausgangspunkt Ihrer Berechnung gilt der 1. Januar, der dem Jahr folgt, in dem der Steuerbescheid ergangen ist. Beispiel: Für Unterlagen aus dem Jahr 1993, für die 1994 der Steuerbescheid erging, beginnt die Aufbewahrungsfrist am 1.1.1995 und endet am 31.12.2004. In folgenden Fällen sind jedoch die üblichen Fristen außer Kraft gesetzt: wenn die Unterlagen benötigt werden

- für eine begonnene Außenprüfung bzw. eine abgeschlossene Außenprüfung, gegen deren Ergebnis Sie vorgehen,
- für eine vorläufige Steuerfestsetzung nach § 165 der Abgabenordnung,
- für eine begonnene juristische Ermittlung mit steuerstrafrechtlichem oder bußgeldrechtlichem Aspekt,
- für eigene Steueranträge.

Im Original aufbewahren müssen Sie Eröffnungsbilanzen sowie Jahres- und Konzernabschlüsse. Alle anderen Unterlagen können Sie auf Mikrofilm oder anderen Datenträgern speichern. Die Datenträger müssen jedoch zehn Jahre lesbar und ebenso übersichtlich sein wie eine geordnete Papiersammlung.

Branchenspezifische Aufbewahrungsfristen: In vielen Berufen und Branchen gibt es umfangreiche Regeln zur Aufbewahrung bestimmter Unterlagen, etwa bei Pfarrern, Ärzten oder Bildungseinrichtungen. Besorgen Sie sich eine alphabetische Dokumenten-Aufbewahrungsliste von Ihrem Berufsverband oder Ihrer Dienststellenverwaltung.

Für alles Übrige: Firmeninterne Aufbewahrungsfristen: Für alle Unterlagenarten, für die es keine gesetzlichen Aufbewahrungsfristen gibt, sollten Sie firmeninterne Fristen festlegen. Das ist ein einmaliger Aufwand, der Ihnen jedoch auf Dauer bei allen Wegwerfentscheidungen sehr viele Überlegungen ersparen wird ■

Umsetzen!

Gratulation: Ihr Ablageplan liegt nun fertig vor! Besorgen Sie sich alles, was Sie an Etiketten, Schildchen, Ablagebehältnissen etc. noch benötigen – und seien Sie großzügig dabei: Jetzt ist die Gelegenheit, klemmende Ordner auszusortieren und für Einheitlichkeit und optische Ruhe zu sorgen. Dann können Sie damit anfangen, Ihre Unterlagen entsprechend einzuräumen. Eine Empfehlung voraus, was das Beschriften angeht:

- Bei Hänge- und Einstellmappen empfiehlt sich immer das Beschriften per Hand. Alles andere ist zu aufwändig und hin-

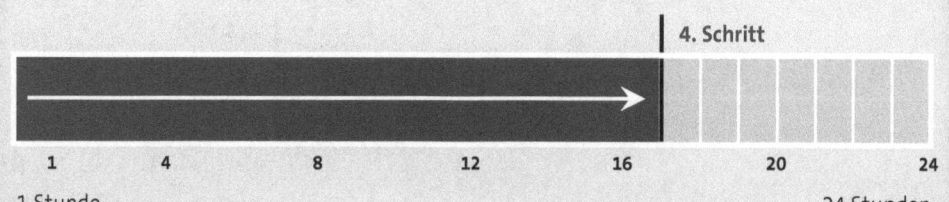

4. Schritt

| 1 | 4 | 8 | 12 | 16 | 20 | 24 |

1 Stunde   24 Stunden

dert Sie daran, direkt bei Bedarf neue Mappen anzulegen. Reservieren Sie einen Stift für die Beschriftung, den Sie direkt beim System unterbringen.

■ Und auch bei Ordnern lohnt sich eine Beschriftung per Computer nur dann, wenn es um große Ordnermengen geht und wenn Sie Schilder jederzeit unkompliziert nachdrucken können (alle Etikettenhersteller haben Ordnerrückenbogen zum Selbstbeschriften im Angebot; Achtung jedoch bei farbigem Inkjet-Druck: Diese Farben sind oft nicht sonderlich lichtbeständig und überstehen ein langes Ordnerjahr bei voller Beleuchtung nicht). Sonst gilt auch hier: am besten per Hand – und zwar groß und deutlich. Achten Sie bei Ordnern auch auf eine einheitliche Beschriftungssystematik: Was soll in die erste Zeile, was in die zweite, was in die dritte?

Tipp: So nutzen Sie Ihre Ablagebehälter optimal

Hängeregister und Einstellmappen

■ Bilden Sie kleine Einheiten. Pro Mappe sollten Sie nicht mehr als maximal 40 bis 50 Blatt ablegen.

■ Wächst ein Vorgang darüber hinaus, teilen Sie ihn: bei Einstellmappen, indem Sie Ihre Ablagekategorien verfeinern; bei Hängemappen, indem Sie diese mit Einstellmappen unterteilen (die Sie ebenfalls beschriften). Auf diese Weise

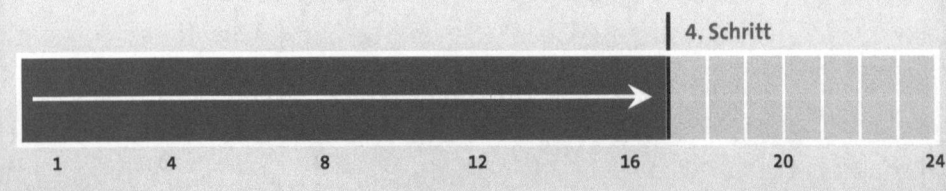

4. Schritt

1   4   8   12   16   20   24

1 Stunde   24 Stunden

können Sie auch umfangreiche Vorgänge – wie Projekt- oder Kundenakten – sehr übersichtlich gliedern. Ein acht Zentimeter starker Hängesammler kann problemlos mit fünf bis zehn Einstellmappen unterteilt werden. Großer Vorteil dabei: Wenn Sie nur einen Teil des Vorgangs benötigen, entnehmen Sie auch nur die entsprechende Einstellmappe – anstatt, wie beim Ordner, den gesamten Vorgang. Das schont Ellenbogen- und Handgelenke.

- Legen Sie Ihre Dokumente »mit System« ein, damit Sie beim Durchblättern nicht ständig den Kopf oder die Papiere drehen müssen. Die Faustregel: Der Seitenkopf liegt links, die Vorderseite vorn und der Heftrand unten.

- Nutzen Sie bei Einstellmappen am besten die transparenten (auch wenn sie etwas teurer sind als die aus Karton). Der Vorteil: Sie sehen schon von außen, was drin ist. Und: Fast immer ist es sinnvoller, die Mappen innerhalb eines Bereichs alphabetisch zu ordnen als numerisch. Denn das A–Z-Prinzip erlaubt es Ihnen jederzeit, neue Mappen in den Bereich einzugliedern.

- Machen Sie es sich zur Gewohnheit, nicht mehr benötigte Unterlagen sofort zu entsorgen, wenn Sie sie beim Durchsehen einer Mappe entdecken. Dann sparen Sie sich die große Aufräumaktion.

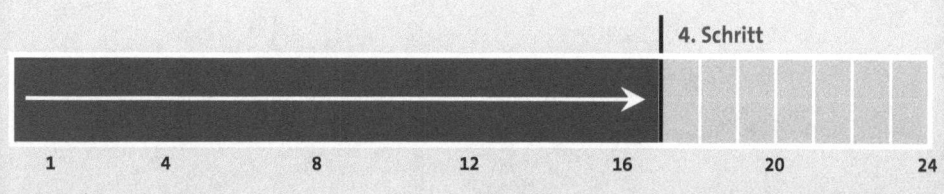

Ordner

Bei Kosten und Verfügbarkeit entfalten Ordner ihre wichtigsten Vorteile: Verglichen mit anderen Behältnissen, sind sie ungemein preiswert. Bei Büromittelversendern und -ketten erhalten Sie zu Aktionszeiten gute Ordner bereits für 99 Cent. Preiswerte Ordner sollten Sie jedoch immer auf ihre Mechanik prüfen: Manche kommen aus normaler Markenfertigung und sind ausgezeichnet, andere hingegen schließen schlecht und sind für den Profi-Einsatz unbrauchbar. Und: Die großen Büroartikelketten arbeiten mit wechselnden Zulieferern. Prüfen Sie die Mechanik deshalb bei jedem Kauf neu!

Füllen Sie Ihre Ordner grundsätzlich nicht mehr als zu 80 Prozent. Das erleichert Ihnen das Handling und schont die Mechanik.

Und nutzen Sie die Möglichkeiten der Binnenorganisation! Als Faustregel gilt: Auch wenn die Reihenfolge des Schriftguts eindeutig ist (Chronologie, Alphabet), sollten Sie

nicht mehr als 100 Blatt innerhalb eines Bereichs aufbewahren. Zur Orientierung: Ein normaler Ordner (80 Millimeter Rückenbreite) fasst circa 500 Blatt, die schmalere Version (50 Millimeter) etwa 300 Blatt. Die Optionen zur inneren Unterteilung sind vielfältig:

- *Alphabetische Register* sind die bekanntesten Hilfsmittel. Sie sollten die ganze Ordnerhöhe haben, nur so ist der 20er-Ablauf übersichtlich. Halb hohe Register sind etwas preis-

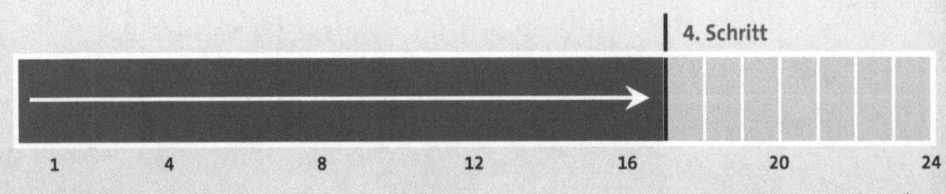

werter, dafür aber wenig praktikabel. Wählen Sie Kunst-stoff-, keine Papierregister. Die Investition lohnt sich, da die meisten A–Z-Ordner-Inhalte stark strapaziert werden.

- *Andere fertige Register* gibt es beispielsweise für die Monate Januar bis Dezember bzw. 1 bis 12, für die Kalendertage 1 bis 31 oder für die Zahlenabläufe 1 bis 10 bzw. 1 bis 20.

- *Trennblätter* dienen Ihnen als neutrale Gliederungshilfen: gelochte Kartonblätter mit einem Organisationsaufdruck, die breiter sind als DIN A4 und deshalb aus dem Schriftgut im Ordner seitlich hervorragen. Sie schneiden sie längs der Aufdrucklinien selbst zu. Das oberste Blatt ist das Deck-blatt, das auch als Inhaltsverzeichnis dient.

- *Blanko-Register* sind die vornehmen Brüder der Trennblät-ter. Bei ihnen entfällt die Arbeit mit der Schere, dafür sind die Beschriftungsfelder meist etwas enger. Es gibt sie in unterschiedlicher Blattzahl, von fünf bis maximal 20 beschriftbaren Taben. Das Deckblatt ist auch hierbei das Inhaltsverzeichnis.

- *Blanko-Kunststoffregister* mit auswechselbaren Einsteck-schildchen lohnen sich dann, wenn Sie Ordner als Nach-schlagewerke, Hand- und Zeigebücher benutzen wollen. Die Ausstattung der Register macht zwar etwas Arbeit, dafür ist das Ergebnis aber ein sehr stabiles Ordnungssys-tem für den dauerhaften Einsatz.

- *Ösen- und Einhakhefter* machen den Inhalt Ihrer Ordner mobil: In diesen Karton-Schnellheftern werden einzelne

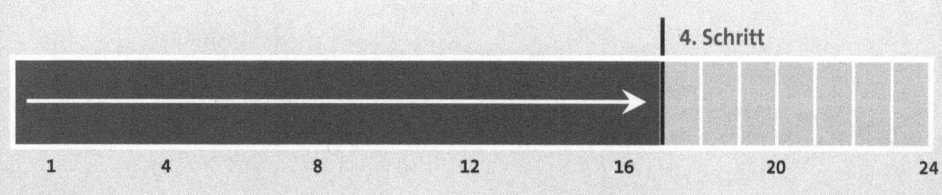

Vorgänge zusammengefasst und können so dem Ordner entnommen werden. Sie haben eine spezielle Abheft-Vorrichtung: Ösenhefter werden an zwei Metallösen in den Ordner eingehängt, Einhakhefter haben einen Schlitzbeschlag, sodass sie sogar ohne Öffnen der Ordner-Hebelmechanik eingehängt werden können. Es gibt sie mit geschlossenem oder halbem Vorderflügel. Der geschlossene ist sinnvoll bei Vorgängen, die häufig »solo« verwendet werden oder im Umlauf sind. Der halbe Vorderflügel ist besser für Vorgänge, die hauptsächlich im Ordner aufbewahrt werden: Er bietet in der Regel ausreichend Platz für Vermerke, und Sie haben unmittelbaren Zugriff auf das darin enthaltene Schriftgut. Wenn Sie mehrere Ösen- und Einhakhefter in einem Ordner organisieren wollen, können Sie dafür den extrabreiten Kartonhinterflügel nutzen: Der Rand hat einen Organisationsaufdruck, den Sie wie ein Trennblatt beschneiden, sodass die Vorgänge im Ordner ein Griffregister bilden.

■ *Hüllenregister mit Überbreite*, wie sie zum Sortieren von Schriftgut in Sichthüllen verwendet werden, brauchen Sie, wenn Sie die Unterlagen in Einhak- und Ösenheftern noch einmal unterteilen wollen.

Stehsammler

■ Verwenden Sie ausschließlich *Stehsammler aus Kunststoff*. Geeignet sind prinzipiell auch Metallbehälter, aber nur dann, wenn sie sich beschriften lassen. Pappsammler verlieren mit der Zeit die Fasson und neigen zum Umfallen,

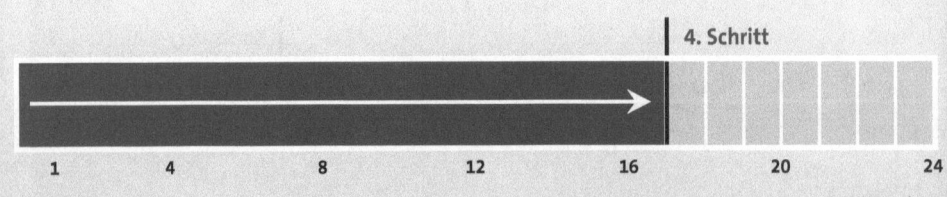

wenn sie nicht dicht an dicht stehen (was bereits bei vorübergehender Entnahme eines benachbarten Sammlers der Fall ist).

- Stellen Sie Schriftgut prinzipiell so in den Sammler ein, *dass der Falz zur offenen Seite zeigt.* Auf diese Weise blättern Sie nicht nur schneller, Sie haben vor allem auch einen einfacheren Blick auf die Titelseiten.

- *Sammeln Sie chronologisch.* Stellen Sie neue Ausgaben mit dem Titel nach vorn in den Sammler. Und machen Sie sich die kleine Mühe, entnommene Ausgaben nach dem Lesen wieder richtig in die Chronologie einzuordnen. Sonst beginnt schon bald die lästige Sucherei.

- *Legen Sie einen Verfallszeitraum fest* oder besser noch das Maximum archivierter Exemplare (beispielsweise 12, 24, 36 oder 48 Ausgaben, je nach Erscheinungsrhythmus). Nach jedem Neueingang werfen Sie die älteste Ausgabe weg. Mit diesem einfachen Komposthaufen-Trick halten Sie die Sammlung schlank und aktuell.

- *Füllen Sie einen neuen Sammler zunächst mit »Platzhaltern«,* beispielsweise mit nicht mehr benötigten Zeitschriften und Katalogen. Diese nehmen Sie nach und nach heraus, wenn Sie die Ablage mit den eigentlichen Inhalten füllen. Damit entgehen Sie dem größten Problem beim Neuanlegen eines Stehsammlers: Die Zeitschriften, Prospekte etc. verbiegen sich und verknicken im anfangs nur spärlich gefüllten Sammler.

Last, but not least: Ihre Computerablage

Ob Sie jetzt sofort damit anfangen, auch Ihre Computerablage aufzuräumen, oder ob Sie das als Aufgabe für später terminieren, kommt auf Ihr Zeitbudget an. Schieben Sie diese Aufgabe jedoch nicht zu lange auf: Die Dateien verursachen zwar – anders als Papierdokumente – keinen sichtbaren Müll; Zeit und Nerven kostet Sie eine schlecht organisierte Ablage auf dem Computer durch unnötiges Suchen jedoch genauso. Die wichtigste Vorarbeit haben Sie mit der Erstellung des Ablageplans ohnehin bereits geleistet. So gehen Sie vor:

Machen Sie einen Computer-Ablageplan – analog zu Ihrer Papierablage

Sehen Sie sich Ihren Ablageplan an: Zu welchen Bereichen und Unterbereichen Ihres Arbeitsplatzes haben Sie auch auf dem Computer Dokumente oder Dateien gespeichert? Machen Sie sich einen entsprechenden Computer-Ablageplan, in dem Sie einfach die nicht vorhandenen Bereiche streichen und gegebenenfalls neu hinzukommende ergänzen. Wenn Sie beispielsweise häufig mit Dokumentenvorlagen arbeiten – Standardanschreiben, Faxen, Rechnungen etc. –, dann legen Sie dafür einen Bereich »Vorlagen« an. Sie sollten jedoch generell die Hierarchien und vor allem die Bezeichnungen Ihres Papier-Ablageplans beibehalten.

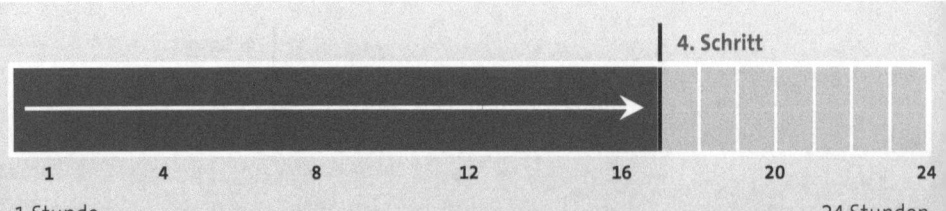

4. Schritt

| 1 | 4 | 8 | 12 | 16 | 20 | 24 |

1 Stunde   24 Stunden

Legen Sie entsprechende Verzeichnisse auf Ihrer Festplatte an

Wenn Sie mit einem PC unter Windows arbeiten: Erstellen Sie die Hauptordner auf der Festplatte C, beispielsweise:

- »1 Projekte, laufend«
- »2 Projekte, abgeschlossen«
- »3 Mitarbeiter«
- »4 Kunden«
- »5 andere Kommunikationspartner«
- etc.

Indem Sie die Zahlen 1, 2, 3 ... direkt vor die Kategorien setzen, werden diese entsprechend hierarchisch (und nicht wie vom System vorgegeben alphabetisch) geordnet: Im Beispiel oben haben Sie also Ihre laufenden Projekte, auf die Sie am häufigsten zugreifen, an der Spitze des Verzeichnisbaums. Danach legen Sie die in Ihrem Ablageplan vorgesehenen Unterverzeichnisse bzw. Ordner an und benennen sie entsprechend.

Wenn Sie mit einem Macintosh-Rechner arbeiten, erstellen Sie einfach ausreichend neue Ordner, benennen diese wie in Ihrem Ablageplan vorgesehen und verschieben sie so ineinander, dass sich die entsprechenden Hierarchien ergeben. Innerhalb der Hauptordner können Sie ebenfalls mit Zahlen arbeiten, um die Unterordner in die gewünschte Reihenfolge zu bekommen.

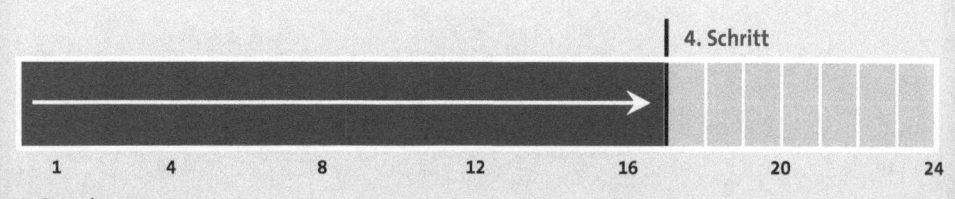

4. Schritt

1　　　4　　　8　　　12　　　16　　　20　　　24

1 Stunde　　　　　　　　　　　　　　　　24 Stunden

Verschieben Sie Ihre Dateien in die Verzeichnisse/Ordner

Nachdem Sie Ihr Organisationssystem eingerichtet haben, füllen Sie es mit Ihren bislang in anderen Ordnern verstreuten Dateien. Prüfen Sie dafür alle Dokumentdateien auf Ihrem Computer systematisch (programmweise oder Ordner für Ordner) nach den folgenden Gesichtspunkten:

1. Schauen Sie sich alle Dateien an, deren Inhalte Ihnen nicht mehr geläufig sind. Entscheiden Sie dann, ob Sie die jeweilige Datei behalten wollen oder nicht.

2. Löschen Sie Dateien, die Sie nicht mehr brauchen.

3. Dateien, die Sie aufbewahren möchten und deren Namen nicht aussagefähig genug sind, benennen Sie um und verschieben sie dann in den vorgesehenen Ordner. Wenn Sie Einzeldokumente innerhalb eines Ordners chronologisch sortieren möchten, wie etwa Rechnungen, Briefe oder die verschiedenen Stadien eines Entwurfs, schreiben Sie das Datum in der Reihenfolge *Jahr-Monat-Tag*, also z. B.: »Entwurf XY 04-05-26«.

Beachten Sie dabei auch:

■ Lagern Sie (wie bei Ihrer Papierablage) solche Dateien aus, die Sie nur zu Dokumentationszwecken aufbewahren – beispielsweise auf CD gebrannt.

■ Vermeiden Sie Doppelablagen. Bewahren Sie also entweder

4. Schritt

| 1 | 4 | 8 | 12 | 16 | 20 | 24 |

die Papierversion oder die Datei eines Dokuments auf, nicht beides. Durch die neue Ablagestruktur können Sie ja nun auf beide Ablagen schnell zugreifen. Das Gleiche gilt für E-Mails: E-Mails zu abgeschlossenen Vorgängen, die Sie aufbewahren wollen, verschieben Sie entweder in den entsprechenden Projekt- oder Korrespondenzordner in Ihrer Computerablage – oder Sie drucken sie aus (und löschen sie dann).

■ Auch wenn Sie mit einer sehr gut strukturierten und gepflegten Ablage arbeiten, kann es vorkommen, dass Sie ein Dokument nicht auf Anhieb finden. Im Gegensatz zur Papierablage bietet Ihnen Ihr Computer die Möglichkeit, quer durch die Ablage in allen Dokumenten zu suchen. Halten Sie dafür die Windows-Taste (Macintosh: Apfel-Taste) gedrückt, und tippen Sie ein f. Dann können Sie wahlweise nach Standort, Dateinamen und/oder enthaltenem Text suchen.

Checkliste: **Ablagesystem planen und einrichten**

Einen Ablageplan machen: ☑

☐ Bestandsaufnahme machen: Welche Ablagebegriffe werden bereits verwendet, welche müssen ergänzt werden?

☐ Bereiche festlegen: Welchen Bereichen können die Ablagebegriffe zugeordnet werden? Was sollen die Ober-, was die Unterbegriffe werden?

☐ Aufbewahrungsart festlegen: Wie sollen die Unterlagen jeweils abgelegt werden – in Ordnern, Stehsammlern, loseblatt in Hänge- oder Einstellmappen?

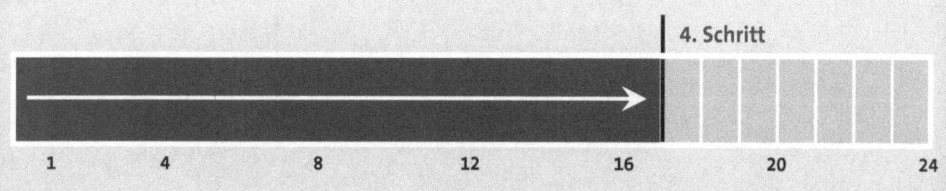

| 4. Schritt |

1 · 4 · 8 · 12 · 16 · 20 · 24

1 Stunde · 24 Stunden

☐ Farben zuordnen: Wie können Bereiche und Unterlagenarten durch Farben optisch gekennzeichnet werden?

☐ Aufbewahrungsort festlegen: Wo sollen die einzelnen Bereiche untergebracht werden – am Schreibtisch, im Büro oder im Archiv?

☐ Aufbewahrungsfristen festlegen für Unterlagen, die ins Archiv kommen/ausgelagert werden.

Den Ablageplan umsetzen:

☐ Ablagebehälter beschriften.

☐ Die Binnenorganisation der Schriftgutbehälter einrichten (z. B. bei Ordnern: mit Registerblättern, bei Hängemappen: mit Sichthüllen).

☐ Alle Unterlagen wie im Ablageplan vorgesehen ein- bzw. umräumen.

Die Computerablage organisieren:

☐ Auf Basis des Papier-Ablageplans einen entsprechend modifizierten Datei-Ablageplan machen.

☐ Die Struktur auf dem Computer einrichten: mit den festgelegten Verzeichnissen (PC) bzw. Ordnern (Mac).

☐ Alle vorhandenen Dateien durchsehen: Was weg kann, löschen; die übrigen Dateien in die entsprechenden Verzeichnisse/Ordner schieben.

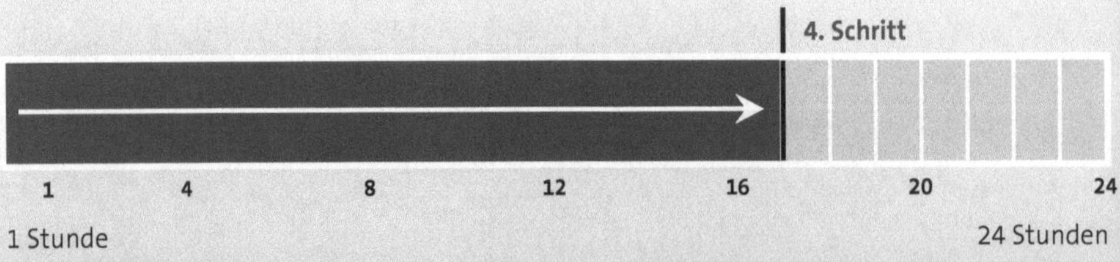

4. Schritt

Einkaufsliste: Fehlt etwas für die Umsetzung von Schritt 4?

Ordner mit Zubehör ☑

- ☐ Briefordner für DIN-A4-Schriftgut, Rückenbreite 80 mm
- ☐ Briefordner für DIN-A4-Schriftgut, Rückenbreite 50 mm
- ☐ Briefordner andere Formate
- ☐ Rückenschilder
- ☐ Alphabetische Register
- ☐ Blanko-Register
- ☐ Blanko-Kunststoffregister mit Einsteckschildchen
- ☐ Andere Register wie »Januar–Dezember«, »1–12«, »1–10«, »1–20«
- ☐ Trennblätter
- ☐ Ösen- oder Einhakhefter

Geheftete Hängeregistratur:

- ☐ Laterale Pendelmappen
- ☐ Zubehör

Hängeregistratur-Loseblattablage

- ☐ Hängemappen
- ☐ Zubehör

Dünnakten-Loseblattablage
(Bezug direkt bei Classei oder Mappei):

- ☐ Einstellmappen mit Selbstklebe-Schildchen

4. Schritt

| 1 | 4 | 8 | 12 | 16 | 20 | 24 |

1 Stunde   24 Stunden

☐ Einstellboxen
☐ Weiteres Zubehör

Weiteres (Schriftgutbehälter, Zubehör, Registraturmöbel) und Ihre Ergänzungen:

☐ Stehsammler
☐ Hängeregistratur-Schränke

4. Schritt

1 4 8 12 16 20 24

1 Stunde   24 Stunden

5.

Arbeitsroutinen:
Eine Organisation schaffen,
die das Organisieren abschafft.

Schritt 5 (circa 5 Stunden)

Zwischenbilanz

Drei Stapel sind aus dem 3. Schritt noch übrig: *Delegieren, Aufgaben allgemein* und *Aufgaben dringend*. Um die kümmern Sie sich gleich, sobald Sie Ihre »Kommandozentrale« eingerichtet haben. Dann können Sie auch Ihr neues Arbeitssystem einem ersten Test unterziehen.

Aber bevor Sie sich an die Arbeit machen, setzen Sie sich doch einmal bequem an den Schreibtisch. Gönnen Sie sich eine kurze Verschnaufpause, und sehen Sie sich um. 17 Stunden liegen hinter Ihnen, nur noch sieben vor Ihnen. Und der Großteil der verbleibenden Zeit ist noch nicht einmal dem Aufräumen gewidmet, sondern Ihrer *richtigen* Arbeit, dem Abarbeiten der verbliebenen Aufgaben. Sie werden feststellen: Mit einer funktionierenden Ablage und sinnvoll positionierten Arbeitsmitteln geht's erheblich schneller!

Richten Sie sich Ihre Kommandozentrale ein: Die Hardware

Stellen Sie sich vier Ablageschalen bzw. -körbe auf den Schreibtisch, am besten übereinander gestapelte schwenkbare (z. B. von Leitz oder Helit): So sparen Sie kostbaren Platz, und Sie haben dennoch einen guten Blick auf die jeweiligen Inhalte. Die Beschriftung für diese vier Körbe lautet:

1. Eingang
2. Tagesaktivitäten
3. Laufend
4. Ausgang

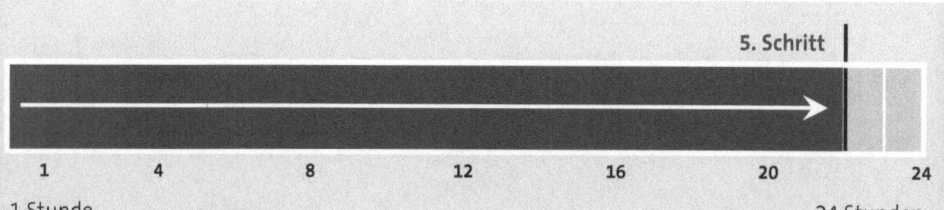

5. Schritt

| 1 | 4 | 8 | 12 | 16 | 20 | 24 |

1 Stunde   24 Stunden

Betrachten Sie diese vier Körbe als eine Art Einbahnstraße, die vom Eingang zum Ausgang führt. Grundregel: Wird ein Dokument aus einem Korb herausgenommen, kehrt es nicht mehr dorthin zurück:

1. In den *Eingangskorb* gehört alles, was auf Ihrem Schreibtisch ankommt: Ihre Eingangspost, eine Anfrage, die ein Kollege vorbeibringt, eine Fachzeitschrift, die über den internen Verteiler bei Ihnen landet, Telefonnotizen von Ihrer Sekretärin etc.

2. Zu den *Tagesaktivitäten* gehört alles, was Sie am jeweiligen Tag bearbeiten werden.

3. Wenn Sie eine Aufgabe nicht ganz abschließen können, etwa weil Sie einen Gesprächspartner im Moment telefonisch nicht erreichen, wird das entsprechende Dokument in den Korb *Laufend* gelegt – es kommt nicht zurück zu den *Tagesaktivitäten!* Der Korb *Laufend* ist also eine Art Tages-Wiedervorlage mit der Funktion, das Einbahnstraßen-System zu stützen.

4. In den *Ausgangskorb* kommt Ihre Ausgangspost. Den Bereich Ausgang können Sie je nach Ihren individuellen Erfordernissen auch erweitern: Wenn Sie beispielsweise viel delegieren, können Sie hier eine Art Postfachsystem für Ihre Mitarbeiter installieren, mit einem Fach pro Mitarbeiter, in das Sie delegierte Aufgaben oder Informationen, die Sie weiterleiten, einlegen können.

Ihre Hardware können Sie eventuell ergänzen mit

- einer Wiedervorlage (Tipps dazu auf den nächsten Seiten) und
- flachen, übereinander gestapelten offenen Sortierfächern, je

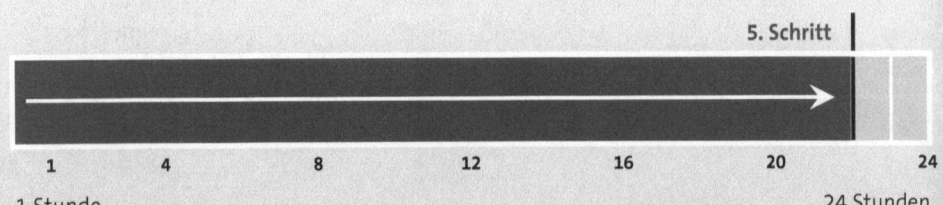

5. Schritt

1   4   8   12   16   20   24

1 Stunde   24 Stunden

Mitarbeiter eines, fürs einfachere Delegieren (lohnt sich dann, wenn Sie sehr viel zu delegieren haben).

Brauchen Sie eine Wiedervorlage?

Bei Wiedervorlagen sind die Meinungen geteilt: Die einen schwören darauf, die anderen beschimpfen sie als Dokumentengräber. Es kommt auf Ihren Arbeitsstil und Ihre Aufgaben an, ob eine Wiedervorlage sinnvoll für Sie ist. Richten Sie sich nur dann eine ein, wenn

- Sie generell sehr viele Aufgaben terminieren müssen (also nicht sofort erledigen können),

- Sie zur Zettelwirtschaft neigen und daher Notizen über später fällige Aufgaben oder Telefonanrufe gerne auf losen Zetteln, Post-its oder einer Papier-Schreibunterlage festhalten,

- kein anderes Planungssystem (To-do-Liste, Zeitplansystem) die Funktion der Wiedervorlage mit übernehmen kann.

Und: ganz oder gar nicht! Wenn Sie sich eine Wiedervorlage einrichten, sollten Sie sie auch täglich benutzen – und sich dabei an bestimmte Spielregeln halten. Sonst funktioniert das System nicht.

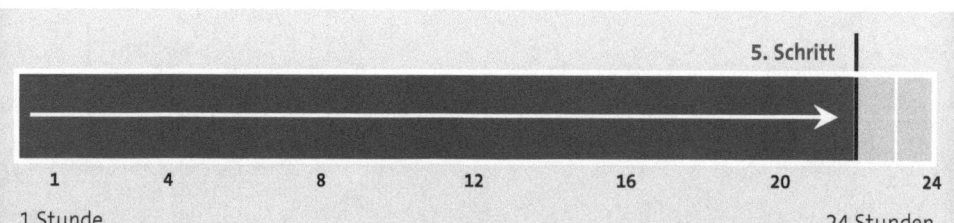

5. Schritt

| 1 | 4 | 8 | 12 | 16 | 20 | 24 |

1 Stunde   24 Stunden

Die nötigen Arbeitsmittel

Entscheiden Sie nach Umfang, welche Lösung für Sie die beste ist:

- Die kleine Lösung: Der *Pultordner* liegt bei Ihnen auf dem Tisch oder in Griffweite daneben. Sie brauchen zwei davon: einen mit der Einteilung 1 bis 31 (für die Tage) und einen von 1 bis 12 (für die Monate).

- Für eine sehr umfangreiche Wiedervorlage eignen sich *Hängemappen*, die Sie in Ihre Schreibtischregistratur einhängen. Sie benötigen dazu 43 Hängemappen: 31 für die Tage und 12 für die Monate. Die Tagesmappen bilden den ersten Block im Hängeregister: Ganz vorn hängt die aktuelle Tagesmappe (die dann am nächsten Tag ans Ende des Blocks »Tagesmappen« wandert), dahinter folgen chronologisch die anderen Tage. Den zweiten Block bilden die Monatsmappen: die des aktuellen Monats an erster Stelle, dahinter chronologisch die weiteren Monate.

- Mit *Einstellmappen* (von Mappei oder Classei) arbeiten Sie nach dem gleichen Prinzip wie bei den Hängemappen, nur dass diese Lösung extrem Platz sparend ist: Alle 43 Mappen passen in ein bis zwei Boxen (je nach Füllmenge der Mappen), die Sie direkt auf den Schreibtisch stellen oder in Ihren Hängeregisterschrank einhängen.

5. Schritt

| 1 | 4 | 8 | 12 | 16 | 20 | 24 |

1 Stunde   24 Stunden

So arbeiten Sie mit Ihrer Wiedervorlage

Stellen Sie sich vor, dass heute Freitag ist, der 11. März:

- Sie rufen Herrn Müller an wegen einer Information, doch der ist im Urlaub bis zum 18. März. Die Sache kann warten, also legen Sie die Notiz *Telefon Müller wegen XY* unter »21« in Ihrer Tageseinteilung ab.

- Die Einladung zu einer Präsentation am 25. April kommt ins Fach »April« – nachdem Sie sich den Termin im Kalender notiert haben!

- Für eine delegierte Aufgabe, zu der Sie bis zum 12. März Rückmeldung erwarten, kommt eine Notiz in Fach »12« der Tageseinteilung.

Sieben Nutzungs-Tipps für Ihre Wiedervorlage

1. Planen Sie am besten immer schon am Vorabend den nächsten Tag. Gehen Sie also abends am 10. März die Tagesmappe »11« durch.

2. Am Monatsende nehmen Sie sich die folgende Monatsmappe vor und verteilen den Inhalt auf die entsprechenden Tagesmappen. Das geht ganz schnell, wenn Sie auf allen Dokumenten in der Ecke rechts oben das exakte Wiedervorlage-Datum notiert haben.

3. Halten Sie einen Stapel Notizzettel oder Karteikarten bereit, um Aufgaben schnell und einfach festhalten zu können.

5. Schritt

| 1 | 4 | 8 | 12 | 16 | 20 | 24 |

1 Stunde   24 Stunden

4. Arbeiten Sie bei Ihren Notizen mit Abkürzungen und Kürzeln. Für wiederkehrende Aufgaben (wie einen 14-täglichen Bericht) können Sie die Notiz wiederverwenden.

5. Legen Sie keine Originalunterlagen in die Wiedervorlage, das produziert verzweifelte Suchaktionen! Notfalls legen Sie eine Kopie des Originals ab. Die Originale kommen an ihren eigentlichen Ablageplatz. Ausnahme: Einladungen, Flugtickets etc., die Sie vorher nicht brauchen werden, können Sie direkt in die Wiedervorlage legen.

6. Nutzen Sie Ihre Wiedervorlage auch für private Aufgaben und Termine, z. B. Zahnarzt, Autowerkstatt, Schulfeier etc.

7. Legen Sie sich einen immerwährenden Geburtstagskalender an! Notieren Sie dafür alle Geburtstage auf Karteikarten. Oben rechts in die Ecke kommt jeweils das Datum, zu dem Sie aktiv werden sollten – etwa drei Tage vorher für einen Brief, am Tag selbst für einen Anruf. Nach Erledigung kommen die Karten für das nächste Jahr in die entsprechenden Monatsmappen.

So arbeiten Sie mit Ihrer Kommandozentrale

Und so funktioniert Ihr System: Alle eingehenden Dokumente kommen grundsätzlich in den Eingangskorb. Diesen leeren Sie mehrmals täglich. Dabei nehmen Sie eine Unterlage nach der anderen zur Hand und fragen sich:

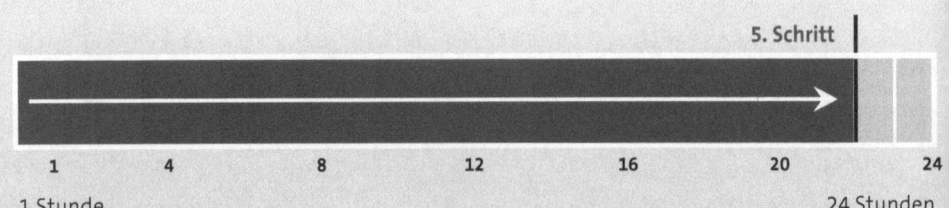

5. Schritt

1   4   8   12   16   20   24

1 Stunde   24 Stunden

- *Kann ich das wegwerfen?* Wenn ja, werfen Sie es weg – sofort, jetzt und hier.

- *Kann ich es gleich ablegen?* Wenn ja, dann legen Sie es ab – und zwar direkt dorthin, wo es hingehört: in den entsprechenden Ordner, Stehsammler bzw. in die entsprechende Hänge- oder Einstellmappe.

- Wenn es eine Aufgabe ist: *Kann ich sie delegieren?* Wenn ja, schreiben Sie sofort einen entsprechenden Delegationsvermerk auf das Dokument (*Wer* soll *was* bis *wann* erledigen?) und legen das Dokument selbst in das Fach/die Mappe des entsprechenden Mitarbeiters.

- *Oder muss ich es selbst erledigen? Und wenn ja, kann ich es jetzt sofort erledigen?* Dann erledigen Sie es sofort – oder legen es in den Tagesaktivitätenkorb. *Oder ist es eine größere Aufgabe, für die ich einen Erledigungstermin bestimmen sollte?* Dann tragen Sie jetzt sofort in Ihren Terminkalender einen Erledigungstermin ein und legen das Dokument entweder in die Wiedervorlage oder direkt in die Ablage – in den entsprechenden Ordner bzw. in die entsprechende Hänge- oder Einstellmappe.

- *Oder ist es etwas, das ich lesen muss?* Dann legen Sie es in Ihr Lektürefach (Bücher, Fachzeitschriften etc.) oder gleich in Ihre mobile Lektüremappe (wenn es ein kürzerer Text ist, etwa eine Kopie oder ein Zeitungsausschnitt).

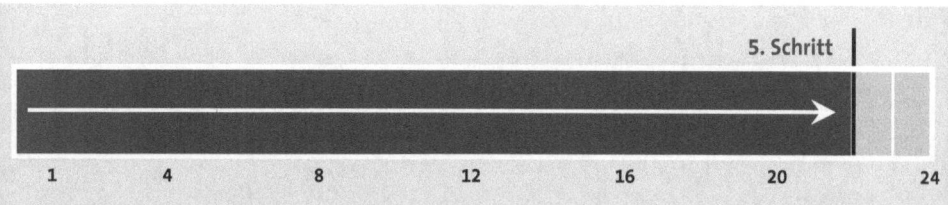

Übersicht: So verarbeiten Sie Unterlagen, die auf Ihrem Schreibtisch landen

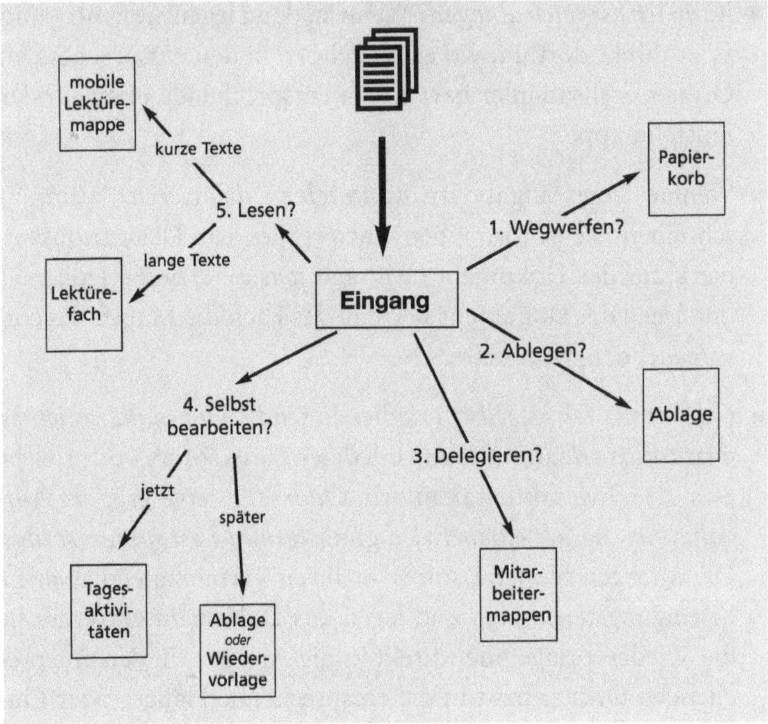

```
                              ▦
mobile                        │
Lektüre-    ◄── kurze Texte   │              Papier-
mappe                         ▼              korb
         5. Lesen?        1. Wegwerfen? ─►
Lektüre-  ◄── lange Texte  Eingang
fach                      2. Ablegen? ─► Ablage

      4. Selbst
      bearbeiten?
                    3. Delegieren?
   jetzt    später
                                        Mitar-
Tages-                                  beiter-
aktivi-    Ablage                       mappen
täten      oder
           Wieder-
           vorlage
```

Arbeiten Sie die drei verbliebenen Stapel ab

Probieren Sie das System doch gleich einmal aus. Nehmen Sie die drei verbliebenen Stapel zur Hand, und legen Sie sie in den Eingangskorb: zuunterst die *Aufgaben dringend*, darauf die *Aufgaben allgemein* und zuoberst den Stapel *Delegieren*.

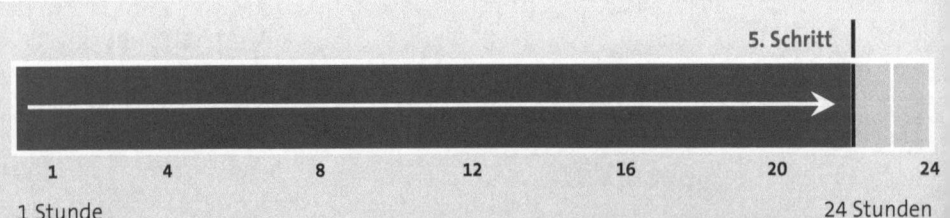

5. Schritt

| 1 | 4 | 8 | 12 | 16 | 20 | 24 |

1 Stunde   24 Stunden

- Bei den *Delegationen* notieren Sie auf jedem Dokument, was von wem bis wann zu tun ist, und legen Sie es in die entsprechende Mitarbeitermappe bzw. in das Mitarbeiterfach. Wenn Sie bei einer Aufgabe ein Endergebnis sehen wollen, machen Sie sich einen Vermerk in Ihrem Zeitplansystem oder in der Wiedervorlagemappe unter dem entsprechenden Tag.

- Dann kommen die *Aufgaben allgemein*. Vielleicht zeigt Ihnen ein frischer und aufräumgeübter Blick, dass es doch noch etwas wegzuwerfen gibt? Oder zu delegieren? Für alles, was übrig bleibt, was Sie also wirklich selbst erledigen müssen, legen Sie jetzt einen Bearbeitungstermin fest. Was Sie gleich noch heute erledigen können, kommt in den Korb Tagesaktivitäten. Die anderen Unterlagen legen Sie – nachdem Sie sie als To do notiert haben – entweder in die Wiedervorlage oder direkt an den richtigen Ort ins Ablagesystem.

- Jetzt sind nur noch die *Aufgaben dringend* übrig. Gehen Sie auch diese mit einem kritischen Blick durch: Was davon hat sich inzwischen von selbst erledigt? Was hat für Sie zugegebenermaßen doch keine so hohe Priorität (vor allem auch mit Blick auf die anderen wartenden Aufgaben), sodass Sie es als To do mit einem späteren Erledigungstermin versehen? Was kann vielleicht doch ein anderer erledigen? Die übrig bleibenden Aufgaben kommen in den Korb mit den Tagesaktivitäten.

Prinzipien für die Erledigung Ihrer Tagesaktivitäten

Da sich nun im Korb mit den Tagesaktivitäten sicherlich einiges angesammelt hat, ist es sinnvoll, die Bearbeitung nach dem Prin-

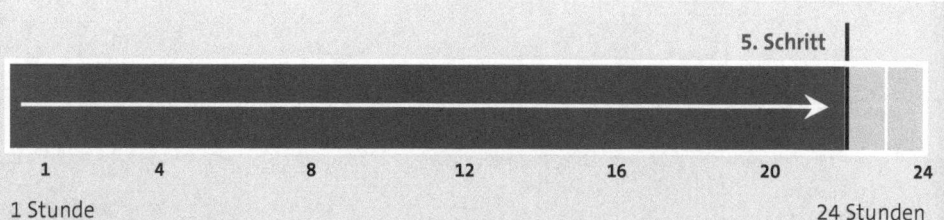

zip der Aufgabenbündelung vorzunehmen. Erledigen Sie alle Telefonate direkt hintereinander, schreiben Sie alle E-Mails, Faxe und Briefe gebündelt etc. Weitere Prinzipien, die Ihnen jetzt und in Zukunft sehr hilfreich sein werden:

- **Das Gut-statt-perfekt-Prinzip:** Gerade im Bereich der Kommunikation können Sie viel Zeit gewinnen (und Ihre Kommunikationspartner angenehm überraschen), wenn Sie nicht auf Länge, Schönheit und perfekte Form setzen, sondern auf Tempo. Nach dem Motto: Schnell (aber korrekt!) statt perfekt. Wenn Sie konsequent nach dem Direkt-Prinzip (siehe unten) arbeiten, wird das ohnehin ganz einfach. Dann steht nämlich automatisch das Erledigen selbst im Vordergrund – und nicht mehr so sehr das Wie.

- **Das Abschluss-Prinzip:** Gewöhnen Sie es sich an, nach jedem Abschluss einer Aufgabe alle dafür benötigten Unterlagen konsequent wegzuräumen, bevor Sie mit der nächsten beginnen. Sehen Sie das nicht als Last, sondern als positives Zeichen dafür, eine Aufgabe abhaken zu können. Weiterer psychologischer Vorteil: Sie sind motiviert, unliebsame Aufgaben in einem Rutsch zu erledigen und nicht nach drei Vierteln (wenn der erste Schwung vorbei ist) auf später zu verschieben. So schalten Sie einen großen Zeitfresser aus!

- **Das Sofort-Ablage-Prinzip:** Vielleicht haben Sie sich gewundert, warum unter den vier Körben auf Ihrem Schreibtisch nicht auch einer für »Ablage« vorgesehen ist. Das ist Absicht – und eine sehr praxisorientierte Empfehlung. Tatsächlich führen solche Ablagestapel ein Eigenleben: Sie wachsen schnell und schlucken Dokumente, was dann wieder zu langen Suchzeiten führt. Am besten ist es wirklich, wenn Sie Unterlagen immer sofort dort ablegen, wo sie hingehören. Zugeständnis: Sie können eine dünne Sichthülle in Ihren Ausgangskorb legen, in der Sie über den Tag solche Unterlagen sammeln, die an weit entfernten Orten im Büro abgelegt werden müssen (oder die Ihre Assistentin für Sie ablegt). Diese Sichthülle muss aber täglich geleert werden. Ihre komplette Schreibtischablage sollten Sie jedoch ohne Ausnahme nach dem Sofort-Ablage-Prinzip gestalten.

■ **Das Direkt-Prinzip:** Da in Ihrem Tagesaktivitätenkorb so einiges zusammengekommen ist, bietet es sich an, gleichartige Aufgaben zu bündeln und in einem Aufwasch zu erledigen. Generell sollten Sie jedoch das Direkt-Prinzip zu Ihrem wichtigsten Arbeitsprinzip machen. Und das heißt: Alle Aufgaben, die auf Ihrem Schreibtisch landen und nicht mehr als jeweils drei Minuten Bearbeitungszeit erfordern, erledigen Sie direkt. (Sie werden erstaunt sein, was sich in drei Minuten alles schaffen lässt!) Wenn Sie also eine Information brauchen, holen Sie sich die sofort. Wenn Sie ein Fax erhalten, das sich in wenigen Sätzen beantworten lässt, schreiben Sie diese Antwort sofort auf das Fax und senden es zurück. Ausgenommen davon sind nur Zeitblöcke, die Sie sich für die Arbeit an einer komplexen Aufgabe reserviert haben. In diesen Zeiten sollten Sie das Telefon umstellen und eingehende Faxe oder E-Mails ignorieren.

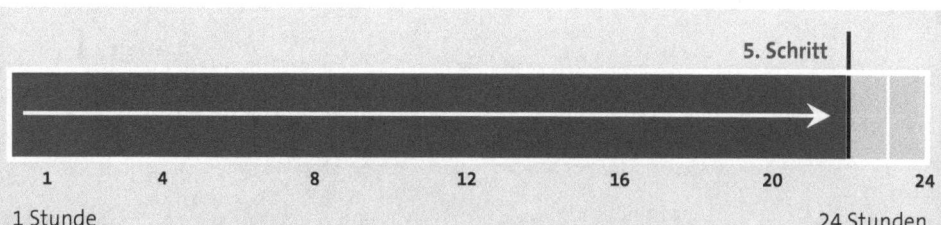

5. Schritt

| 1 | 4 | 8 | 12 | 16 | 20 | 24 |

1 Stunde   24 Stunden

Tipp: Der Minuten-Trick gegen das Aufschieben unangenehmer Aufgaben

Sie kennen es sicher aus eigener Erfahrung: Wenn Sie eine Aufgabe aufschieben, wird diese – proportional zu der verstreichenden Zeit – immer größer, schwieriger, aufwändiger. Wenn Ihnen aus Ihrem Tagesaktivitätenkorb einige Aufgaben dieser Art entgegenblicken, hier ein ganz einfaches Gegenmittel: Schreiben Sie auf das jeweilige Blatt die Zeitdauer, die Sie realistischerweise für die Erledigung brauchen. Dabei werden Sie sich bisweilen ein Lächeln nicht verkneifen können: So mancher x-mal verschobene »saure Apfel« besteht nur aus einem Anruf (fünf Minuten) oder einer E-Mail (drei Minuten).
Da dauert das Aufschieben länger als das Erledigen! ▪

Optimieren Sie Ihr E-Mail-Management

Verwalten und bearbeiten Sie Ihre E-Mails effizient

Bearbeiten Sie Ihre elektronische Post immer gebündelt – genauso, wie Sie es mit Ihrer Papierpost tun. Schreiben, lesen und beantworten Sie Ihre E-Mails in einem Rutsch. Denken Sie

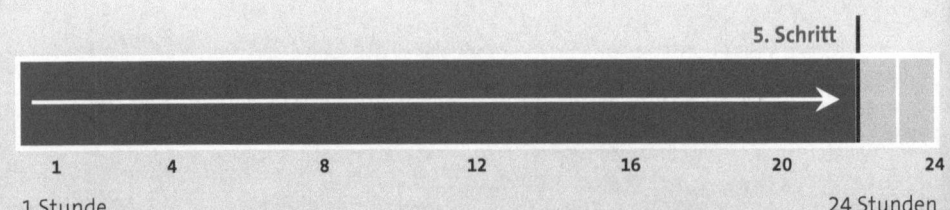

5. Schritt

| 1 | 4 | 8 | 12 | 16 | 20 | 24 |

1 Stunde

24 Stunden

daran, dass Sie sich alles, was Sie zunächst nur lesen, ohne darauf zu reagieren, später ein zweites Mal ansehen müssen!

Richten Sie für die Bearbeitung Ihrer E-Mails feste Zeiten ein – je nach Ihrem E-Mail-Aufkommen ein- bis dreimal täglich. Wenn Sie gerade wenig Zeit haben, sollten Sie die Post schnell querlesen, um festzustellen, ob etwas Dringendes darunter ist. Ist dies der Fall, reagieren Sie sofort; die übrige Post erledigen Sie später kompakt.

So bearbeiten Sie Ihre elektronische Post im Detail:

- Informationen, die Sie nach dem Lesen nicht mehr brauchen, löschen Sie umgehend.

- Gesendete und empfangene Post, die in Zusammenhang mit einem Vorgang steht, zu dem es bereits eine schriftliche Chronologie gibt, drucken Sie aus und ergänzen damit die zugehörige Ablage. Die Mail können Sie anschließend löschen.

- E-Mails zu Vorgängen, die Sie in anderen Dateien auf Ihrem Computer verwalten – in der Regel in Ihrer Textverarbeitung –, können Sie per Tastatur über die Zwischenablage in eine Textdatei kopieren, um dort den Schriftwechsel zu dokumentieren. Die E-Mail löschen Sie anschließend. (Bitte wirklich erst anschließend, falls beim Kopiervorgang etwas schief geht.)

- Für Sender wie Empfänger gleichermaßen praktisch ist es, Antworten direkt in den Originaltext der Anfrage einzufügen und die Mail dann komplett zurückzusenden. So haben beide

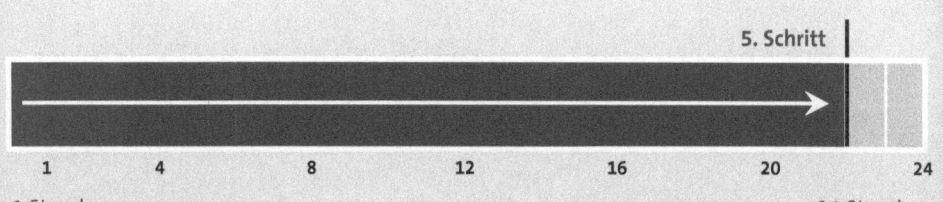

Seiten vollständige Kontrolle und Übersicht, ob alle Punkte beantwortet und besprochen wurden. Vorteile: Der Empfänger muss die Antworten nicht erst mit seinem Originalbrief vergleichen. Und Sie als antwortender Rücksender können gezielt und konzentriert auf Inhalte eingehen, ohne ständig zwischen den Dateien »Anfrage« und »Meine Antwort« springen zu müssen.

Wichtig: Haben Sie per E-Mail Dokumente erstellt oder erhalten, die der gesetzlichen Aufbewahrungsfrist unterliegen (z.B. Geschäftsabschlüsse, Bestellungen, Rechnungen), müssen Sie diese ebenso sichern und archivieren wie entsprechende Dokumente aus anderen EDV-Anwendungen.

Vermeiden Sie übervolle, unübersichtliche Eingangsordner

Problem: Sie heben zu viele E-Mails auf

- *Ursache 1:* In Ihrem Ordner befinden sich viele Mails mit Informationen, die Sie noch auswerten oder archivieren müssen.
  Abhilfe: Verwerten Sie die Inhalte, gleich nachdem Sie sie gelesen haben. Beispielsweise übertragen Sie benötigte Adressdaten sofort in Ihre Verzeichnisse.

- *Ursache 2:* Sie heben Mails auf, obwohl Sie sie direkt per Rückantwort beantwortet haben.
  Abhilfe: Umgehend nach Antwortversand löschen, denn die

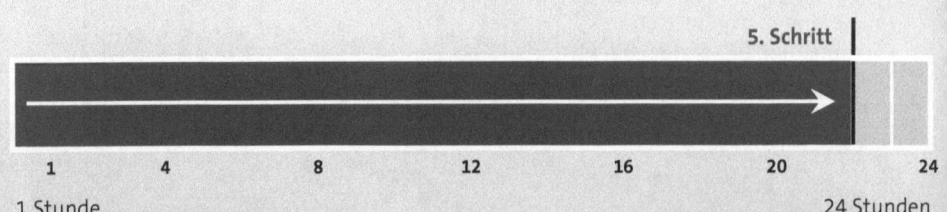

Originalnachricht inklusive Ihrer aktuellen Antwort befindet sich ja nun zusätzlich im Ordner »Gesendet«.

■ *Ursache 3:* Sie trennen sich generell nur ungern von Ihrer Post und haben Probleme, dies nach inhaltlichen Kriterien zu tun.
Abhilfe: Arbeiten Sie nach dem Komposthaufen-Prinzip. Löschen Sie alle Mails, die älter sind als vier Wochen; bei starkem Mail-Eingang verkürzen Sie den Zeitraum auf drei oder zwei Wochen. Auch wenn darunter der eine oder andere ungelesene Newsletter ist – der nächste kommt bestimmt.

Problem: Sie bekommen zu viele E-Mails

■ *Ursache 1:* Ihre geschäftliche Korrespondenz ist sehr umfangreich.
Abhilfe: Dagegen können Sie nichts tun, außer, alles möglichst schnell zu bearbeiten. Ausnahme: Sie sind in internen oder externen Verteilern, von denen Sie mit Mails beliefert werden, die Sie nicht brauchen. Dann lassen Sie sich aus den Verteilern streichen oder zuständige Mitarbeiter dort eintragen.

■ *Ursache 2:* Sie erhalten viele Newsletter und andere regelmäßige Zusendungen.
Abhilfe: Lesen Sie überfliegend. Steht nichts drin, was Sie aktuell interessiert: sofort löschen. Und: Bestellen Sie ab, was Sie ohnehin kaum oder gar nicht verwerten.

■ *Ursache 3:* Geschäftliche und private Mails sowie Newsletter vermischen sich unübersichtlich und erzeugen den Eindruck von »zu viel« und »zu unübersichtlich«.
Abhilfe: Beantragen Sie weitere E-Mail-Adressen, mit denen

Sie einen besser sortierten Posteingang organisieren können (siehe Tipp »Mehr Übersicht mit zusätzlichen Adressen«).

Bedenken Sie außerdem, dass Sie nicht jede bei Ihnen eingegangene E-Mail beantworten müssen. Rückmeldungen wie »Ihre Mail ist eingegangen« sind in fast allen Fällen überflüssig und verwickeln Sie nur in eine zeitaufwändige Dauerkorrespondenz.

Mehr Übersicht mit zusätzlichen Adressen (Adress-Splitting)

Wenn Sie bislang nur eine einzige E-Mail-Adresse führen, kennen Sie das Problem bereits – oder es wird bald auf Sie zukommen: In Ihrem Postfach landen kunterbunt geschäftliche Korrespondenz, private Mitteilungen, Internet-Newsletter, Werbung sowie rundversendete Informationen von Firmen und Institutionen, bei denen Sie irgendwann einmal etwas angefordert haben.

Um Ihre wichtige Tageskorrespondenz von anderer Post zu trennen, sollten Sie Ihre geschäftlich genutzte E-Mail-Adresse ausschließlich für den Kontakt zu Ihren Kunden/Lieferanten reservieren. Richten Sie mindestens eine zusätzliche Adresse ein. Diese verwenden Sie ausschließlich für Adressangaben, die Sie im Internet vornehmen, beispielsweise

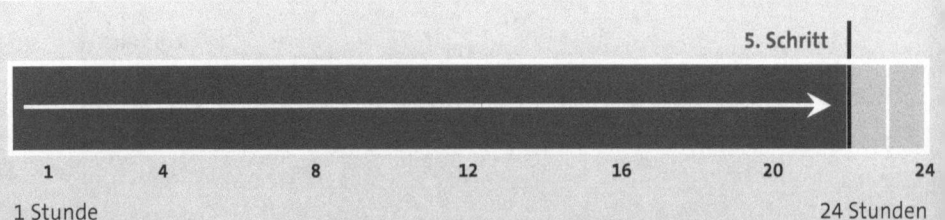

5. Schritt

| 1 | 4 | 8 | 12 | 16 | 20 | 24 |

1 Stunde   24 Stunden

- bei der Online-Registrierung von Software,

- beim Bestellen von Waren,

- beim Bestellen von Newslettern und anderen regelmäßigen Informationen,

- beim Anfordern von Informationen über Produkte und Dienstleistungen.

Wenn Sie besonders viele dieser Informationen bekommen, ist es sinnvoll, eine dritte Adresse einzurichten, beispielsweise ausschließlich für den Empfang von Newslettern.

Diese Adressenspaltung macht sich sehr schnell bezahlt, da Sie nun bereits an der Adressierung erkennen, ob es sich um geschäftliche Korrespondenz oder andere Inhalte handelt.

Tipp: Wenn Sie zudem das E-Mail-Programm Outlook Express oder Outlook verwenden, können Sie die Eingangspost automatisch in verschiedene Ordner vorsortieren lassen und somit auf einen Blick erkennen, ob wichtige Korrespondenz eingegangen ist.

Ergänzen und optimieren Sie Ihre Kommandozentrale

Nun haben Sie mit der Arbeit am »neuen« Schreibtisch im »neuen« Büro erste Erfahrungen gewonnen. Wie ging's? Und es wird noch besser, versprochen: Denn mit dem letzten Stapel haben Sie alle »Altlasten« beseitigt und damit Platz geschaffen für ein neues Arbeitsgefühl.

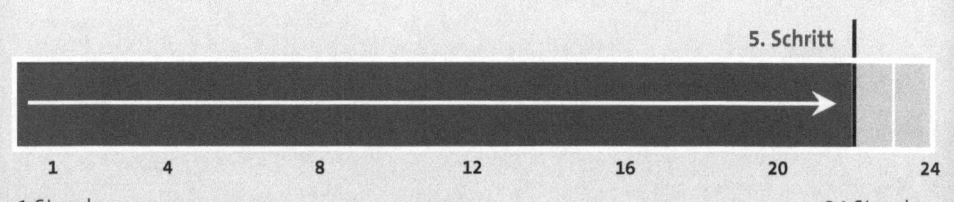

5. Schritt

| 1 | 4 | 8 | 12 | 16 | 20 | 24 |

1 Stunde   24 Stunden

Wenn Sie bei diesem ersten Arbeitsgang festgestellt haben, dass Ihrem System noch etwas fehlt, sollten Sie solche Optimierungen (nach dem Direkt-Prinzip) jetzt sofort vornehmen. Was können Sie tun, um die direkte Verarbeitung von Aufgaben zu sichern?

- Haben Sie ein funktionierendes System, in dem Sie Notizen und Ideen festhalten können? Beispielsweise ein Super-Buch (eine dicke DIN-A5-Kladde), einen Karteikasten, eine spezielle Abteilung im Zeitplanbuch oder eine Ideen-Datei im Organizer?

- Ist Ihr Adresssystem optimal eingerichtet, sowohl für den Schreibtisch als auch für unterwegs? Können Sie neue Adressen leicht ergänzen bzw. Änderungen jederzeit, auch unterwegs, vornehmen?

- Ist Ihr Aufgabenmanagement auf Ihre persönlichen Bedürfnisse zugeschnitten? Wenn Sie komplexe Aufgaben und Termine zu organisieren haben und – vor allem – wenn Sie Ihr Aufgabenmanagement vernetzen wollen, bietet sich das Arbeiten mit Microsoft Outlook an. Wenn Sie jedoch feststellen, dass Sie auch die allerkleinste Aufgabe auf langen To-do-Listen notieren (anstatt sie direkt zu erledigen) bzw. dass Sie mit Ihren neuen prozessorientierten Körben auch so gut zurechtkommen, dann streichen Sie To-do-Listen ganz aus Ihrem Büroleben.

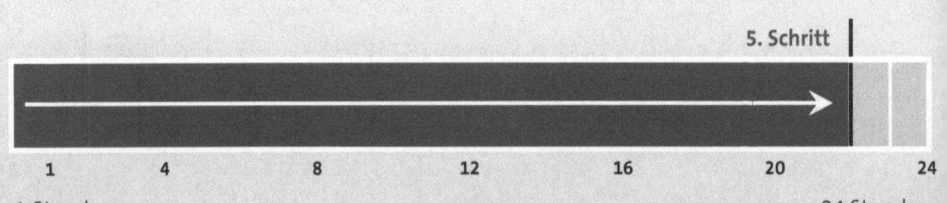

5. Schritt

| 1 | 4 | 8 | 12 | 16 | 20 | 24 |

1 Stunde   24 Stunden

Checkliste: Arbeitsroutinen organisieren

Schreibtisch einrichten: ☑

☐ Vier Ablagekörbe beschriften und auf den Schreibtisch stellen.

☐ Eventuell: Wiedervorlage einrichten (Pultordner, Hänge-mappen oder Einstellmappen).

Die verbliebenen drei Kategorien abarbeiten:

☐ Delegationen: alle Unterlagen mit einem Delegationsver-merk versehen und in die entsprechenden Mitarbeiterfä-cher/-mappen legen.

☐ Aufgaben allgemein: nochmals aussortieren, was auszu-sortieren ist; für den Rest einen Bearbeitungstermin fest-legen. Unterlagen selbst in die Wiedervorlage oder direkt in die Ablage ablegen.

☐ Aufgaben dringend: nochmals aussortieren, was auszu-sortieren ist; den Rest direkt erledigen.

Eventuell: Das Aufgabenmanagement optimieren und ergänzen:

☐ System für Notiz- und Ideenmanagement

☐ System für Adressen

☐ System zum Festhalten von Aufgaben

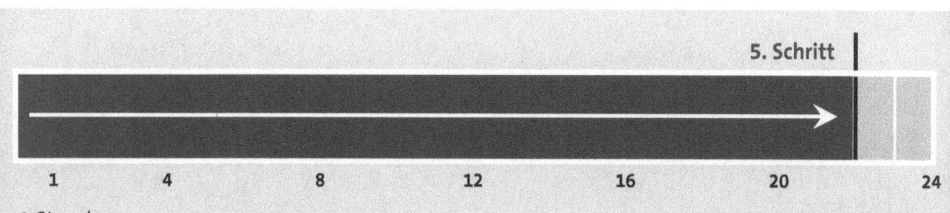

5. Schritt

| 1 | 4 | 8 | 12 | 16 | 20 | 24 |

1 Stunde   24 Stunden

E-Mail-Management optimieren:

☐ Feste Bearbeitungsroutinen einrichten

☐ Eingangsordner regelmäßig leeren

☐ Weitere E-Mail-Adressen einrichten, um eingehende
Mails vorzusortieren

Einkaufsliste: Fehlt etwas für die Umsetzung von Schritt 5?

☑

☐ Ablageschalen/-körbe

☐ Offene Sortierfächer

☐ Pultordner für Wiedervorlage

☐ Hängemappen für Wiedervorlage

☐ Einstellmappen für Wiedervorlage/Einstellbox

☐ Ihre Ergänzungen:

. . . .

. . . .

. . . .

. . . .

. . . .

. . . .

. . . .

. . . .

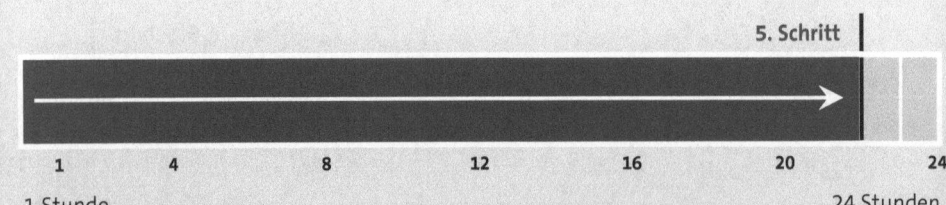

5. Schritt

1   4   8   12   16   20   24

1 Stunde   24 Stunden

6.

Ergonomie-Check:
Damit Sie auch morgen noch Spaß
an der Arbeit haben

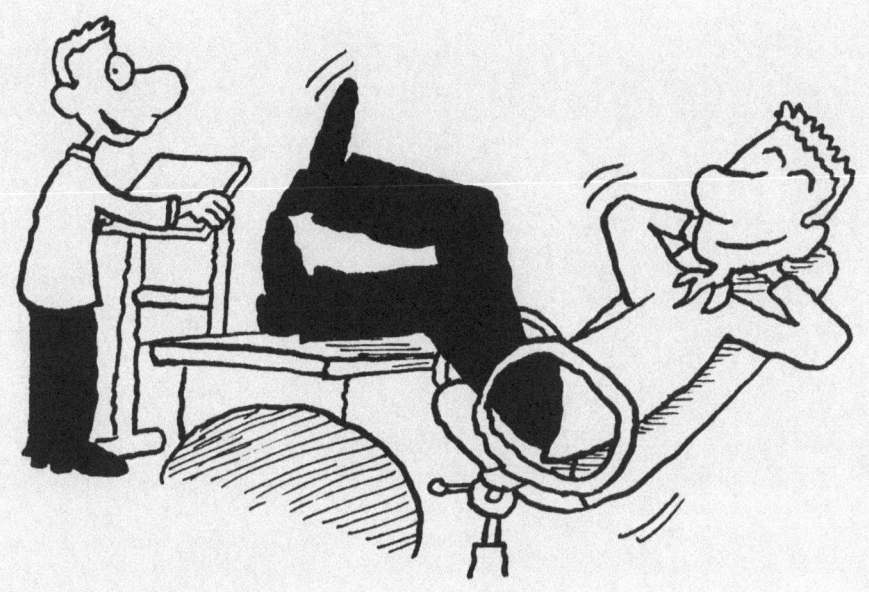

Schritt 6 (circa 1 Stunde)

Nun ist der Zeitpunkt gekommen, an dem Sie die Einrichtung in Ihrem Büro einem kritischen Check unterziehen können. Alles in Ordnung, wie es ist, oder können Sie hier etwas optimieren? Machen Sie den Ergonomie-Check! Denn die Auswirkungen etwa eines falschen Bürostuhls oder einer zu hohen Tischplatte auf Ihre Leistungsfähigkeit und generell auf den Spaß an der Arbeit dürfen Sie nicht unterschätzen.

Der Bürostuhl: Wenn er sich Ihnen nicht anpasst, taugt er nichts!

In Deutschland werden 20 Prozent aller Krankschreibungen wegen Rückenbeschwerden ausgestellt – ein gutes Argument für die Investition in einen ergonomischen Bürostuhl. Hier zunächst die vier Mindestvoraussetzungen, die aus einem Stuhl einen Bürostuhl machen (wenn auch noch keinen sonderlich ergonomischen):

1. **Fünfsternfuß:** Nur sehr alte Bürostühle sind nicht mit fünf Rollen ausgestattet und können kippen. Die Rollen sollten übrigens auf den Fußboden abgestimmt sein: leichtgängig bei Teppichboden und schwergängig bei glatter Oberfläche.

2. **Gewicht:** je schwerer, desto besser – als Mindestgewicht werden circa 15 Kilogramm empfohlen.

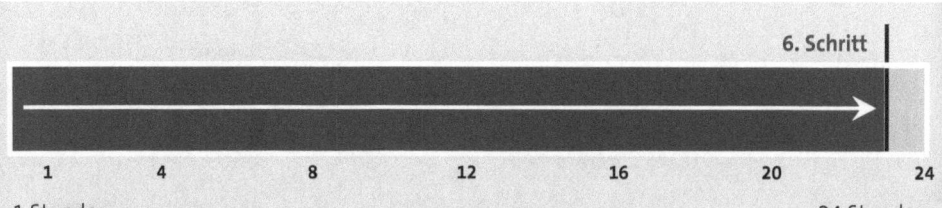

6. Schritt

| 1 | 4 | 8 | 12 | 16 | 20 | 24 |

1 Stunde   24 Stunden

3. **Sitzhöhe:** Durchgesetzt hat sich eine Höhenverstellbarkeit von 42 bis 55 Zentimetern. Ihre optimale Sitzhöhe haben Sie dann eingestellt, wenn Ihre auf dem Tisch liegenden Unterarme einen rechten Winkel zum Oberarm bilden. Die Füße müssen dabei vollständig auf dem Boden stehen und die Ober- und Unterschenkel ebenfalls einen rechten Winkel bilden.

4. **Rückenlehne:** Der Neigungswinkel der Rückenlehne muss verstellbar sein, und die Lehne muss sich im gewählten Winkel arretieren lassen. Dabei lässt sich entweder die Lehne allein verstellen oder bei Formsitzen (Sitzfläche und Rückenlehne am Stück) der Neigungswinkel des gesamten Stuhls (Wippmechanik).

Für einen ergonomisch *guten* Stuhl sind einige weitere Elemente wichtig:

5. **Ergonomische Rückenlehne:** Die Rückenlehne sollte circa 50 Zentimeter über die Sitzfläche reichen, im oberen Bereich ein wenig nach vorn geneigt sein und im Lendenwirbelbereich eine wulstförmige Ausbuchtung haben. Die ganze Rückenlehne oder die Lendenwirbelstütze muss sich in der Höhe einstellen lassen. Zudem erlaubt ein ergonomisch guter Stuhl ein »dynamisches« oder »aktives« Sitzen. Die Rückenlehne wird dabei nicht arretiert, sondern bewegt sich mit dem Rücken mit. Das ist jedoch nur sinnvoll, wenn sich der Anpressdruck individuell an das Körpergewicht des Sitzenden anpasst.

6. **Sitzfläche:** Empfohlen wird eine Mindestgröße von 40 × 40 Zentimetern. Der Sitz sollte dabei so geformt sein, dass er

einerseits die Beckenregion gut aufnimmt, andererseits über eine abgerundete Sitzvorderkante verfügt, damit kein schädlicher Druck auf Nerven und Beingefäße entstehen kann. Idealerweise ist die Sitztiefe verstellbar. Die Neigung der Sitzfläche passt sich bei einem ergonomisch guten Stuhl dank einer Synchron-Mechanik der Neigung der Rückenlehne an, ohne dabei freilich zu weit nach hinten abzukippen – die Beine des Sitzenden dürfen beim Zurücklehnen nicht abgehoben werden. Beim Hinsetzen muss die Sitzfläche zudem abfedern, um Schläge auf die Wirbelsäule zu vermeiden.

7. **Polsterung:** Die Polsterung darf weder zu weich (keine Stützfunktion) noch zu hart (kein Sitzkomfort) sein.

8. **Armlehnen:** Auch wenn von ihrer Benutzung oft abgeraten und empfohlen wird, am vorderen Tischrand Abstützmöglichkeiten für Unterarm und Handballen zu schaffen: An den Schultern hängt ein Gewicht von fünf bis zehn Kilogramm, die durchaus sinnvoll am Ellbogen abzustützen sind! Ideal sind höhenverstellbare Armstützen. Und: Lange Armlehnen sind für einen Bildschirmarbeitsplatz ungeeignet.

Tipp: Auch der beste Bürostuhl kann richtiges Sitzen nicht garantieren!

Worauf Sie achten sollten:

■ Oft werden Bürostühle noch jahrelang in ihrer Werkseinstellung belassen! Passen Sie Ihren Stuhl optimal an Ihre Körpergröße und Ihre Schreibtischsituation an, und nutzen

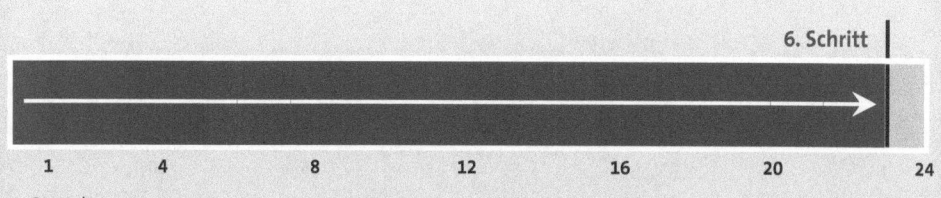

Sie die Möglichkeiten des dynamischen Sitzens auch tatsächlich – arbeiten Sie also z. B. nicht mit ständig arretierter Rückenlehne.

■ Auch wenn Sie meist auf der Vorderkante des Stuhls sitzen, haben Sie keinen Mehrwert von seiner Ergonomie. Ursache ist oftmals, dass Ihr Schreibtisch für Sie zu hoch ist: Hier kann Ihnen eine Fußstütze helfen oder besser noch ein höhenverstellbarer Schreibtisch.

■ Wenn Sie jedoch dabei beobachten, dass Sie sich ständig zu weit zum Bildschirm vorbeugen, hat das in der Regel weniger mit dem Sitzen zu tun: Typischerweise ist dies ein Anzeichen für eine Sehschwäche bzw. eine nicht mehr korrekte Brille ■

Alternative Sitzmöbel

Sitzball, Kniestuhl, Pendelstuhl oder Swopper sind alternative Sitzmöbel – empfohlen jedoch nur als *Ergänzung* zum Bürostuhl, da die meisten Personen bei längerem Sitzen für eine gute Haltung eine Rückenlehne benötigen. Am besten hat sich hier das Sitzmöbel Swopper (Hersteller: 3t GmbH) bewährt: Er vereint die Bequemlichkeit eines Bürostuhls mit den gesundheitlichen Vorteilen des Sitzballs (ohne dass Sie dabei um Ihre Balance kämpfen müssen).

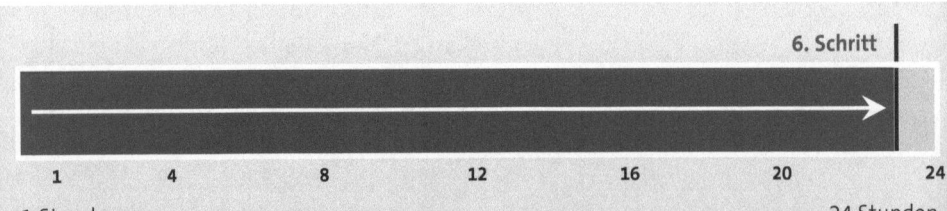

Der Schreibtisch: Angenehm groß und höhenverstellbar

Achten Sie bei Ihrem Schreibtisch vor allem auf folgende Merkmale:

- **Die Höhe:** Ihr Schreibtisch muss sich an Ihre Größe anpassen lassen. Die entsprechenden DIN-Normen verlangen eine Höhenverstellbarkeit von 68 bis 76 Zentimetern; besser sind allerdings Werte zwischen 68 und 82 Zentimetern. Die Forderung, dass die Tastatur niedriger liegen sollte als die Arbeitsplatte, ist heute umstritten, zumal die modernen Tastaturen um einiges flacher sind als die der früheren Schreibmaschinen. Wenn Sie mit abgesenkter Tastatur besser arbeiten können, hilft eine unter dem Schreibtisch angebrachte herausziehbare (und damit auch Platz sparende) Tastaturhalterung. Oder Sie lagern Ihre Computerarbeit auf einen zweiten – niedrigeren – Tisch aus.

- **Die Größe:** Internationale Empfehlungen sehen eine Mindestbreite von 120 und eine Mindesttiefe von 80 Zentimetern vor. Ergonomen empfehlen eine Mindestgröße von 160 mal 80 Zentimetern. Besonders bewährt haben sich Verkettungen, zusätzliche Elemente zur Vertiefung des Tisches, Bildschirmständer und Tische, deren Form nicht dem üblichen Rechteck entspricht. Diese »Freiformtische« haben beispielsweise Cockpit- oder Bogen-Form, oder sie sind auf der einen Seite tiefer als auf der anderen. Dadurch entstehen mehr Platz in

unmittelbarer Griffnähe sowie eine bessere Übersicht über die benötigten Arbeitswerkzeuge und -unterlagen.

■ **Oberfläche und Farbe:** Die Tischoberfläche sollte in jedem Fall matt und in neutralen Farbtönen gehalten sein, und sie sollte sich nicht kalt anfühlen. Besonders wichtig ist jedoch der geringe Reflexionsgrad (keine Spiegelungen): Glastische mögen schön aussehen, sind jedoch als Arbeitstische denkbar ungeeignet.

Tipp: Großer Luxus fürs Wohlbefinden: Stehpulte und Sitzstehtische

Besonders gut ist es, wenn Sie sich die Möglichkeit verschaffen können, zwischen Sitzen und Stehen zu wechseln. Ideal sind Schreibtische, die sich mithilfe einer Kurbel oder elektrisch von einem Sitz- in einen Stehtisch verwandeln lassen, zusätzliche oder in den Schreibtisch integrierte Stehpulte, Theken und separate Elemente, die sich am Schreibtisch anbauen lassen. Notfalls können Sie vielleicht auch aus bestehendem Mobiliar eine Art Stehpult improvisieren ■

6. Schritt

| 1 | 4 | 8 | 12 | 16 | 20 | 24 |

1 Stunde   24 Stunden

Der Bildschirm: Achten Sie aufs Prüfsiegel

Wenn Sie bei längeren Bildschirmarbeiten Ermüdungserscheinungen oder Kopfschmerzen bei sich registrieren, muss daran nicht Ihr Bildschirm schuld sein. Untersuchungen zeigen, dass 20 bis 30 Prozent der Bevölkerung Sehfehler haben, die nicht oder nicht genügend korrigiert sind, was eben solche Beschwerden verursacht. Tatsache ist, dass die meisten neueren Bildschirme den ergonomischen Ansprüchen vollauf genügen. Achten Sie beim Kauf auf das Prüfsiegel TCO95 bzw. das noch strengere TCO99, dann sind Sie auf der sicheren Seite. Außerdem muss Ihr Bildschirm richtig eingestellt sein, damit die Augen nicht zu sehr belastet werden (Kontrast, Helligkeit, Farbintensität).

- **Optimale Bildwiederholrate:** Eine Bildwiederholrate ab etwa 72 Hertz wird als flimmerfrei empfunden (die Norm TCO95 verlangt mindestens 75 Hertz, TCO99 85 Hertz). Testen Sie selbst: Schauen Sie auf einen Punkt etwa 25 Zentimeter neben dem Bildschirm. Nun sehen Sie den Bildschirm unscharf in Ihrem erweiterten Gesichtsfeld. Flimmert er, ist die Bildwiederholfrequenz zu niedrig. Bei Windows lässt sich der Wert über das Start-Menü Einstellungen – Systemsteuerung – Einstellungen verändern.

- **Matte Farbe:** Das Gehäuse sollte weder zu hell sein noch glänzen. Farbige Gehäuse, vor allem in Schockfarben, sind besonders ungeeignet, aber auch Schwarz wird nicht empfohlen

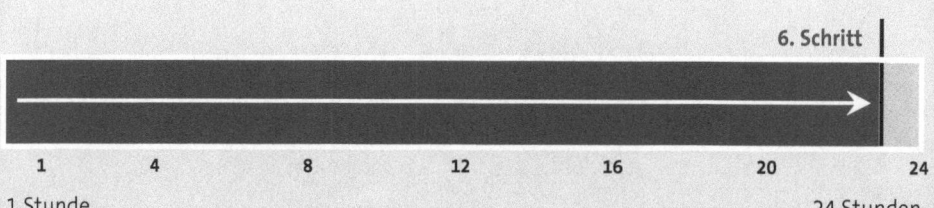

(Geräte mit schwarzem Gehäuse erhalten nicht das TCO99-Gütesiegel). Ideal sind matte Zwischentöne.

- **Beweglicher Bildschirm:** Der Bildschirm sollte neig- und drehbar sein und sich am besten auch horizontal und vertikal verschieben lassen (geht am einfachsten mithilfe eines Bildschirm-Schwenkarms).

Tipp: Achtung bei Filtern: Sie bringen oft mehr Schaden als Nutzen

Moderne Bildschirme (ab TCO95) geben kaum messbare elektromagnetische, radioaktive oder UV-Strahlung ab und gelten allgemein als unbedenklich für die Gesundheit. Ergonomen raten jedenfalls von Schutzfiltern ab, vor allem weil durch manche Produkte die Bildqualität verschlechtert wird (Zeichenschärfe, Kontrast, Lichtdurchlässigkeit). In der Regel muss die Helligkeit des Schirms verstärkt werden, wodurch die Lebensdauer des Monitors verkürzt und die Bildqualität praktisch immer verschlechtert wird.

Das Gleiche gilt für Filter, die vor Spiegelungen schützen sollen: Manche Filter reduzieren die Helligkeit der Bildschirmoberfläche um bis zu 70 Prozent, was durch höhere Einstellungen des Monitors wieder ausgeglichen werden müsste (sofern möglich); zudem verliert die Anzeige an Schärfe. Am besten ist es also, wenn Sie den Bildschirm am richtigen Ort aufstellen und für eine gute Arbeitsplatz- und Raumbeleuchtung sorgen

Die Tastatur: Nicht zu hart

Nahezu alle herkömmlichen PC-Tastaturen genügen mittlerweile den ergonomischen Mindestanforderungen an Größe, Form und Anordnung der Tasten. Achten Sie dennoch auf Qualität: Zu harte Tastaturen können sehr leicht Sehnenscheidenentzündungen verursachen.

- Die Tasten müssen mit einer *geringen Anschlagkraft* (40 bis 100 Gramm) betätigt werden können, wobei innerhalb dieses Bereichs Ihre persönlichen Vorlieben ausschlaggebend sind. Probieren Sie Tastaturen im Laden aus, bevor Sie eine erstehen!

- Die *Beschriftung sollte nicht zu klein sein*, und eine Positivbeschriftung (dunkle Schrift auf hellem Grund) ist für die Augen besser als eine Negativbeschriftung.

- Eine ergonomische Verbesserung bietet eine *Tastaturauflage* (am besten gepolstert). Durch das so ermöglichte Aufstützen des Handballens werden Arm- und Schultermuskulatur entlastet. Allerdings sollte die Auflage nicht während des Tippens zum Abstützen genutzt werden, sondern ausschließlich während kurzer Schreibpausen. Sonst wird der Druck auf die Hand verstärkt, was das Risiko gesundheitlicher Schäden erhöht.

Ein besonderes Problem stellen die Tastaturen von Notebooks dar. Die Tasten sind oft kleiner und meist negativ beschriftet (helle Schrift auf dunklem Grund). Für umfangreiche Dateneingaben sind diese Keyboards absolut ungeeignet – schaffen Sie sich am besten eine externe Tastatur und Maus an.

6. Schritt

| 1 | 4 | 8 | 12 | 16 | 20 | 24 |

1 Stunde

24 Stunden

Die Maus: Beugen Sie einem »Mausarm« vor

Der »Mausarm« gehört zu den RSI-Krankheiten (Repetitive Strain Injury: Verletzung/Schmerz durch wiederholte Belastung). Das ist die Computerarbeitsplatz-Version des Tennisarms – mit rapide steigender Verbreitung. Neben der typischen Sehnenscheidenentzündung können auch kleine Muskelrisse, Nacken- und weitere Beschwerden auftreten. RSI kann beispielsweise ein Kribbeln, Taubheit oder sogar kurzzeitige Lähmungen verursachen.

Wenn Sie also viel am Computer arbeiten, sollten Sie vorbeugen: Speziell entwickelte ergonomisch geformte Mäuse sorgen dafür, dass das Handgelenk nicht flach auf die Matte gelegt werden muss, sondern dass mit natürlicher, entspannter Haltung der Hand gearbeitet werden kann. Die gleiche Wirkung haben Mauspads mit integrierten Stützkissen.

Zwei Tipps: Wenn Ihr Arm zu ermüden droht

Sehr hilfreich bei langen Sitzungen am Computer ist es, wenn Sie gelegentlich ein paar Minuten mit einem Jo-Jo spielen – das entkrampft optimal. Bei Nackenverspannungen hilft ein Wechsel der Hand: Bedienen Sie die Maus mal eine Weile mit links (bzw. rechts). So kommen Sie zwar langsamer voran, dafür wird die Koordination der beiden Gehirnhälften trainiert und die Kreativität angeregt!

Das Licht: Hat großen Einfluss auf Ihr Wohlbefinden

Licht brauchen Sie nicht nur, um etwas zu sehen – auch Ihre psychische Verfassung wird durch die Art, Farbe und Stärke des Lichts in Ihrem Büro beeinflusst. Fehlendes Tageslicht kann Konzentrationsschwäche, rasche Ermüdung, Kopfschmerzen, allgemeines Unwohlsein, Stress oder Depressionen verursachen. Untersuchungen zeigen, dass Gesundheitsstörungen sogar bereits mit der Entfernung zum Fenster zunehmen können (allerdings müssen Fenster entsprechend abgedunkelt werden können, idealerweise mit Lamellenstores oder Jalousien, mit denen Sie den Lichteinfall dosieren).

Vermeiden Sie bei der Beleuchtung generell Reflexionen auf dem Bildschirm, Blendungen, zu große Kontraste zwischen Vordergrund und Hintergrund, zu viel oder zu wenig Schatten, ungünstig gewählte Lichtfarben sowie zu helles Licht.

Lichtquellen und -farben

Haben Sie noch eines jener Neonröhren-Lichtbänder über dem Schreibtisch hängen, die direktes Licht von der Decke abstrahlen? Als die bessere Beleuchtungslösung hat sich das Zwei-Komponenten-System durchgesetzt:

- Für die Grundbeleuchtung des Raums sorgen »*Indirektleuchten*« (entweder fest montiert oder als Stehlampen), die die Decke anstrahlen. Das Licht wird reflektiert und gestreut, sodass eine gleichmäßige, natürlich wirkende Leuchtdichte im

Raum entsteht – ohne Blendungen und Reflexe. Technisch ausgeklügelte Systeme können sogar die Leuchtkraft an den Tageslichteinfall anpassen. Achten Sie bei der Auswahl darauf, dass der ganze Raum gleichmäßig beleuchtet wird. Und: Mit Stehlampen sind Sie flexibler als mit fest montierten Leuchten.

■ Die zweite Komponente ist die »*Arbeitsplatzleuchte*«, also eine Lampe auf Ihrem Schreibtisch, die direkt die Lese- und Schreibfläche beleuchtet.

Als Lichtfarbe für die Lampen können Sie je nach Geschmack zwischen Neutralweiß und Warmweiß wählen, wobei Warmweiß das angenehmere Farbklima schafft. Wichtig ist vor allem, dass für alle Leuchtquellen in dem betreffenden Raum die gleiche Lichtfarbe verwendet wird.

Die Lichtstärke

Am Arbeitsplatz wird allgemein eine Lichtstärke von etwa 500 Lux empfohlen; bei einem Schreibtisch in Fensternähe und für die reine Bildschirmarbeit reichen auch 300 Lux aus (die Lichtstärke können Sie mit einem handelsüblichen Luxmeter bestimmen). Wichtiger als solche Vorgaben ist jedoch Ihr persönliches Empfinden, abhängig von Tagesform, genereller Lichtempfindlichkeit, Sehkraft und Lebensalter. Außerdem wird Ihr Bedürfnis nach mehr oder weniger Licht mit der jeweiligen Aufgabe variieren. Schaffen Sie sich also die Möglichkeit, die Beleuchtung individuell zu verändern – durch die bereits er-

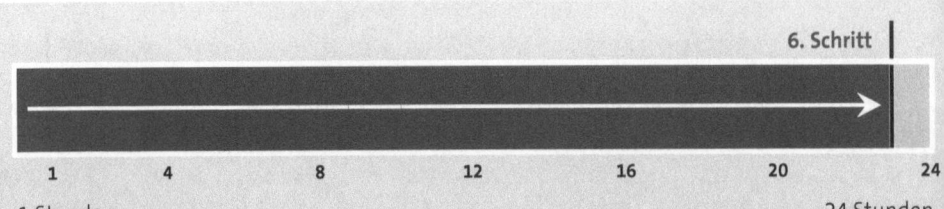

6. Schritt

1   4   8   12   16   20   24

1 Stunde   24 Stunden

wähnte Lampe auf dem Schreibtisch (am besten mit zweistufiger Lichtstärke oder Dimmer) und durch Dimmer bei der Grundbeleuchtung.

Lärm: Kann beträchtlichen Stress erzeugen

In Büros entsteht Lärm durch Mitarbeiter, Telefone, Klimaanlagen, Drucker, Kopiergeräte und nicht zuletzt durch Computer (Festplatten, Kühlung). Der Lärm-Grenzwert für Routinetätigkeiten liegt bei 45 bis 55 Dezibel (A), für kreative und geistig anspruchsvolle Arbeit bei 35 bis 45 Dezibel (A); (DIN EN ISO 11690-1). Die Computer-Norm TCO95 legt Werte von 38 Dezibel (A) für Geräte im Betrieb, 32 Dezibel (A) für Geräte im Leerlauf fest. Zum Vergleich: Schon ein Flüstern entspricht einer Lautstärke von 15 bis 40 Dezibel.

Es gibt andere Richtlinien, die höhere oder tiefere Werte vorsehen. Das Wort »Lärm« beinhaltet aber auch eine qualitative Bewertung: Wir empfinden ein Geräusch als störend. So mag beispielsweise das quietschende Kratzen einer Gabel auf einem Teller nicht sonderlich laut sein, es lässt aber manche Menschen ihre Selbstbeherrschung verlieren. Lang andauernder Lärm (oder eben Geräusche, die als Lärm empfunden werden) hat allerdings tatsächlich negativen Einfluss auf den Gesamtorganismus und die Psyche. Deshalb genügt es nicht, irgendwelche Richtlinien einzuhalten. Wichtig ist vor allem Ihr subjektiver Eindruck. Lagern Sie beispielsweise Geräte wie Kopierer und Drucker aus Ihrem Büro aus.

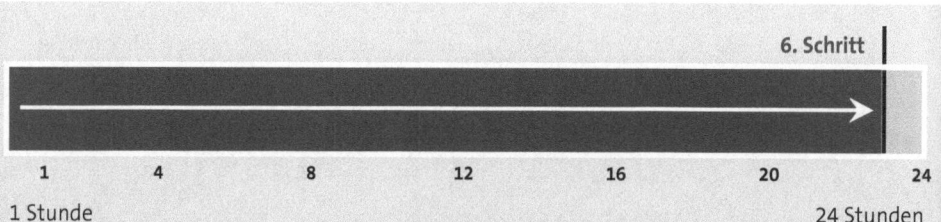

6. Schritt

| 1 | 4 | 8 | 12 | 16 | 20 | 24 |

1 Stunde   24 Stunden

Checkliste: **Den Ergonomie-Check machen**

☑ **Prüfen:**

☐ *Bürostuhl:* Fünfsternfuß, hohes Gewicht, verstellbare Sitzhöhe, ergonomische Rückenlehne, große Sitzfläche, angenehme Polsterung, kurze, eventuell auch höhenverstellbare Armlehnen.

☐ *Schreibtisch:* höhenverstellbar, ausreichend groß, matte Oberfläche in neutraler Farbe. Eventuell kombiniert mit Stehpult oder als Stehtisch umzubauen. Für Computerarbeit möglichst niedrigerer zusätzlicher Tisch oder herausziehbare Tastaturhalterung.

☐ *Bildschirm:* Qualität durch Prüfsiegel bestätigt, mattes, neutrales Gehäuse, Bildschirm selbst beweglich. Richtig eingestellt: Kontrast, Helligkeit, Farbintensität, Bildwiederholrate.

☐ *Tastatur:* nicht zu hart, große Beschriftung (dunkle Schrift auf hellem Grund), eventuell mit Tastaturauflage.

☐ *Maus:* ergonomisch geformt oder mit integriertem Stützkissen.

☐ *Tageslicht:* Natürliches Licht ist am Arbeitsplatz vorhanden. Direkte Sonneneinstrahlung oder zu intensives Licht kann aber durch Jalousien etc. kontrolliert werden.

☐ *Künstliche Beleuchtung* durch ein Zwei-Komponenten-System: indirekte Beleuchtung für den Raum plus direkte Beleuchtung am Arbeitsplatz. Lichtfarbe: angenehm, warm (nicht zu weiß), Lichtintensität: ausreichend Licht, aber nicht zu hell, am besten per Dimmer anzupassen.

☐ *Licht generell:* keine Schattenbildung, keine Spiegelungen, keine zu starken Kontraste zwischen Vorder- und Hintergrund.

☐ *Lärm:* Als störend empfundene Geräusche so weit wie möglich abstellen. Bürogeräte mit hohem Geräuschpegel durch leisere Geräte ersetzen oder vom Arbeitsplatz wegstellen/aus dem Büro auslagern.

Einkaufsliste: **Was möchten Sie ergonomisch optimieren?**

Das fehlt/soll ersetzt werden: ☑

☐ ....

☐ ....

☐ ....

☐ ....

☐ ....

☐ ....

☐ ....

☐ ....

☐ ....

☐ ....

7.

Ästhetik und Symbolik:
Schaffen Sie sich ein Wohlfühl-Büro

Schritt 7 (circa 1 Stunden)

Warum es beim letzten Schritt um mehr geht als um Dekoration

Es ist immer wieder überraschend, welch geringe Bedeutung am Arbeitsplatz der Ästhetik und ganz einfach dem »Wohlfühl-Faktor« beigemessen wird – im Sinne von: »Mein eigentliches Leben findet zu Hause statt. Im Büro arbeite ich nur.«

■ **Gegenargument 1:** Es geht – wie schon bei der Ergonomie – schlichtweg um Ihre Leistungsfähigkeit. Natürlich arbeiten Sie in angenehmer Atmosphäre besser.

■ **Gegenargument 2:** Selbstmanagement-Experten mögen sich in vielen Dingen widersprechen, hierin sind sie sich jedoch einig – dass die Trennung von Arbeits- und Privatleben eine künstliche ist. Alles, was Sie im Beruf tun und sind, berührt Ihre Persönlichkeit – und umgekehrt. Ganz abgesehen davon, dass Sie viel mehr Zeit an Ihrem Schreibtisch verbringen (der vielleicht noch von Ihrem Vorgänger stammt und Ihren Bedürfnissen so gar nicht gerecht wird?) als auf Ihrem Wohnzimmersofa (dessen sorgfältiger Auswahl vier Wochenenden in Möbelhäusern vorausgingen?). Also: Nehmen Sie auch Ihren Schreibtisch persönlich!

Lesen Sie, wie Sie den Wohlfühl-Faktor in Ihrem Büro deutlich verbessern können. Ein weiterer Vorteil: Wenn Sie sich einmal daran gewöhnt haben, Ihren Arbeitsplatz als Lebensraum zu betrachten, wird es Ihnen viel leichter fallen, die in den vergangenen Stunden geschaffene Ordnung auch beizubehalten!

7. Schritt |

| 1 | 4 | 8 | 12 | 16 | 20 | 24 |

1 Stunde   24 Stunden

Verschaffen Sie sich ein großzügiges Raumgefühl

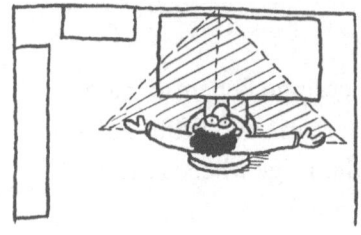

Weil Büromöbel rechteckig sind, werden sie – besonders in kleinen Räumen – rechtwinklig zueinander aufgebaut. Das ist, geometrisch gesehen, die platzsparendste Anordnung. Es ist für Sie am Schreibtisch aber nicht unbedingt die angenehmste Lösung. Der Platz, den ein Mensch zum Arbeiten und Schauen benötigt, ist nämlich eine Art Dreieck. Deswegen fühlen Sie sich freier, wenn Sie nicht frontal auf eine Wand oder auf ein Regal sehen, sondern in einem 45-Grad-Winkel dazu sitzen.

Haben Sie Platz hinzugewonnen durch die große Entrümpelungsaktion? Dann probieren Sie's doch gleich einmal aus: Stellen Sie Ihren Schreibtisch um, und arbeiten Sie daran »auf Probe«.

Alternative: Bei einer Winkelkombination kann mit einem einfachen dreieckigen Einsatz an der Tischplatte die Arbeitsrichtung in die benutzerfreundliche Diagonale gebracht werden. Die meisten modernen Büromöbelsysteme bieten für die Tische dreieckige oder runde Abschlüsse, mit denen die schräge Aufstellung leichter vonstatten geht.

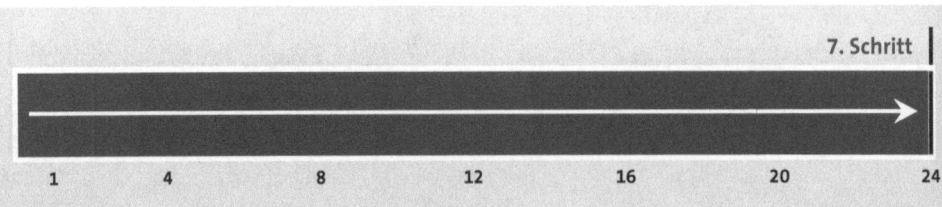

Wenn es Ihnen schwer fällt, in der Hektik der üblichen Alltagsaufgaben den Wechsel zum ruhigen, konzeptionellen Arbeiten zu schaffen, könnte ein zweiter Schreibtisch die Lösung sein: Sie schaffen sich damit eine Art Insel für das konzentrierte kreative Arbeiten. Um seinen Sinn erfüllen zu können, muss dieser zweite Tisch freigehalten werden von Unterlagenstapeln etc.

Bringen Sie Farben ins Büro – und büro-untypische Materialien

So wie Lichtart und -farbe Einfluss auf die Psyche nehmen, tun es auch Farben. Und da die gängige Büroausstattung bis hin zu den Geräten in einem neutralen »Lichtgrau« gehalten ist, können Sie mithilfe von Objekten, Wandanstrich oder Bodenbelag bewusst Farbe ins Büro bringen. Achten Sie dabei neben persönlichen Vorlieben auch auf die Wirkung (siehe Übersicht auf Seite 158).

Drei Faustregeln:

- Warme Farben lassen Räume kleiner wirken.

- Kalte Farben lassen Räume größer wirken.

- Aus der Natur abgeleitete Faustregel: Gestalten Sie Decken heller als Wände, Wände heller als die Böden. Ausnahme: Falls ein sehr hoher Raum niedriger erscheinen soll, gestalten Sie die Decke lieber dunkler als Wände und Boden.

Farben im Büro: So wirken sie aufs Gemüt

Farbe	Von oben (Decke)	Von den Seiten (Wände)	Von unten (Boden)
Blau	himmelartig, wenig greifbar, erhöhend. *Dunkel:* schwer bis drückend.	Kühlend, ermutigend. *Dunkel:* beruhigend. Vertrauen, Verstand, Ordnung, Zugang erlaubend.	Zum Gehen anregend. *Dunkel:* den Raum vertiefend.
Braun	*Hell/mittel:* zudeckend. *Dunkel:* drückend.	Einengend, sichernd.	Erdig, sicher, wohlig.
Gelb	Leicht, anregend, heiter.	Heiter, anregend, aber auch: erregend, irritierend.	Ablenkend, abhebend, frei.
Grau	Langweilig, auf die Stimmung drückend.	Neutral bis langweilig.	Neutral, dezent.
Grün	Hegend, deckend, Zuflucht, Sicherheit.	Umgrenzend, spannungsarm, sichernd.	Trittfreudig, erholsam.
Orange	Anregend, konzentrierend.	Kommunikativ, wärmend.	Erregend.
Rosa	Tröstlich, intim, weiblich, weich, Aggression hemmend	Tröstlich, intim, weiblich, weich, Aggression hemmend	Überzart, berührungsfremd.
Rot	*Dunkel:* beruhigend, kraftvoll, würdevoll.	Leidenschaftlich, aggressiv, sinnlich.	Bewusst machend, signalisierend, richtungsweisend.
Schwarz	Drückend, höhlenartig.	Beengend.	Befremdend, tief.
Weiß	Neutral, leer, rein, offen, kühl, erfrischend	Neutral, leer, rein, offen, kühl, erfrischend	Fremd, steril, nicht zu betreten.

7. Schritt

1   4   8   12   16   20   24

1 Stunde   24 Stunden

Auch mit Materialien können Sie einiges bewirken:

- Können Sie vielleicht die typischen (immer verstaubten) Büro-Lamellen vor den Fenstern durch Stoff-Jalousien ersetzen, ohne dass Sie dadurch Ihren blend- und spiegelfreien Arbeitsplatz in Gefahr bringen?

- Gestalten Sie die Besucherecke in freundlichen, lebendigen Farben statt in Office-Lichtgrau oder -Beige. Beim Tisch haben Sie auch die Chance, einmal vom zweckdienlichen Kunststoff abzurücken und Holz in Ihr Büro zu bringen. Wählen Sie ein edles, nicht so helles Holz (also nicht die typische Ikea-Kiefern-Optik), das setzt sich besonders schön von der hellen Büroeinrichtung ab.

- Haben Sie Kunst an Ihren Wänden? Schon ein einziges »richtiges« Bild in einem schönen Rahmen verändert die ganze Raumatmosphäre! Beim Motiv sollten Sie jedoch darauf achten, wie das Bild auf etwaige Besucher wirkt (und welche Rückschlüsse er daraus auf Ihr Unternehmen/Ihre Arbeit zieht).

Bringen Sie »Lebewesen« ins Büro: Pflanzen

Organische Farben und Formen bringen Sie mit Grünpflanzen ins Büro. Pflanzen tun uns gut, weil sie einen Raum lebendiger gestalten und es uns erlauben, ihren Wachstumsprozess zu beobachten. Im gleichen

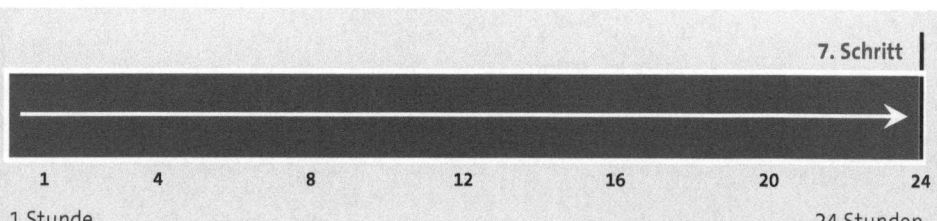

Maß sorgen jedoch verkümmerte Pflanzen für eine Atmosphäre der Ineffizienz, fehlenden Kreativität und mangelnden Sorgfalt. Wenn Sie sich also Pflanzen in Ihr Büro holen, dann solche, die bürotauglich sind – und richtig gepflegt werden. Ein liebevoll zusammengestelltes Büropflanzen-Lexikon finden Sie im Internet unter

www.wi-inf.uni-essen.de/~schwarze/pflanzen/pflanzen.html

Vorhandenen Platz besser nutzen, zusätzlichen Raum gewinnen

Optimieren Sie Ihre Regalablage

Lassen sich Ihre Regalbretter in kleinen Einheiten verschieben? Und können Sie einzelne Bretter passend nachkaufen? Dann bilden Sie in Ihren Regalen Gruppen aus ähnlich hohen Elementen: Stellen Sie nicht Stehsammler und Taschenbücher auf dasselbe Regalbrett. In den so gewonnenen Platz fügen Sie ein weiteres Regalbrett ein. Selbst wenn Sie hier nur 15 Zentimeter herausholen, bringen Sie auf 80 Zentimeter Breite etwa 100 CDs unter!

Außerdem können Sie sich Ihr Büro daraufhin ansehen, wo sich zusätzliche Regalmeter schaffen lassen. Fast immer ist der Platz über der Tür frei. Oder versehen Sie einen schmalen Gang, in dem sich sonst nichts unterbringen lässt, links und rechts über der Kopfhöhe durchgängig mit Regalbrettern.

Ein Schrank statt mehrerer Hängemappenwagen

Auch Hängemappenwagen dürfen nicht zu Platzverschwendern werden. Mehr als einen Wagen sollten Sie in Ihrem Büro keinesfalls haben. Ist er voll und nicht weiter »auszumisten«, kaufen Sie keinen zweiten, sondern lieber gleich einen Registraturschrank mit drei, vier Auszügen (z. B. von Smead). Erwägen Sie hingegen den Neukauf eines Hängemappenwagens, sollten Sie nicht am falschen Ende sparen: Mindestens 80 Mappen (Herstellerangabe) sollten hineinpassen – mit zusätzlichem Ablageraum unter den Mappen, beispielsweise für Ordner. Oder Sie wählen einen Wagen für 160 bis 200 Mappen, der oben wie unten je zwei Hängereihen hat.

Platz schaffen für einen Registraturschrank

Sie würden gern einen Registraturschrank nutzen, wissen aber nicht, wo Sie ihn aufstellen sollen, weil Ihre Wände mit Regalen vollgestellt sind? Prüfen Sie, ob die Bodenplatte und sogar die Rückwand Ihres Regals abgebaut werden können, und stellen Sie den Schrank in das Regal (meist möglich beispielsweise bei Ikea- und Lundia-Produkten). Nutzen Sie Regale oder einen Registraturschrank als Raumteiler (erhältlich z. B. von Bito oder Lundia in mehreren ansprechenden Farben).

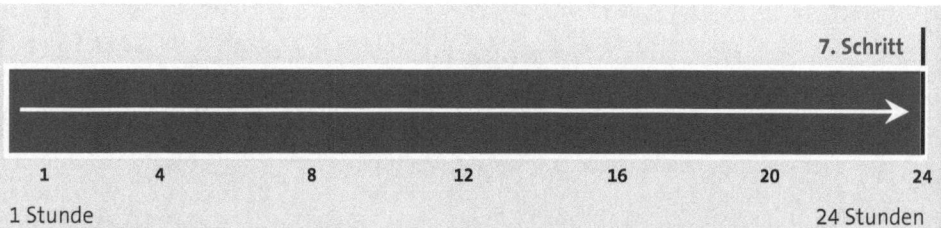

7. Schritt

| 1 | 4 | 8 | 12 | 16 | 20 | 24 |

1 Stunde   24 Stunden

Aktenordner im Zickzack

Der Querschnitt eines normal gefüllten Ordners ist dreieckig: Vorne (beim Griffloch) ist er breiter als hinten. Wenn Sie Ordner abwechselnd mit dem Rückenschild nach vorne und nach hinten ins Regal stellen, lassen sich bis zu 40 Prozent mehr davon unterbringen. Das hat natürlich nur Sinn bei selten benutzten Akten, bei denen sich der Inhalt der nicht sichtbaren Rücken beispielsweise aus der Chronologie erschließen lässt, wie etwa bei Steuerunterlagen vergangener Jahre.

Ordner-Drehsäulen nutzen den dreieckigen Querschnitt von Ordnern ebenfalls recht pfiffig aus. Ein gutes und nicht teures System, das Sie etagenweise nach oben erweitern können (bis zu sechs Etagen = bis zu 144 Ordner), erhalten Sie beispielsweise mit »ROTAZET 80« von Schäfer-Shop. Mit einem Durchmesser von 80 Zentimetern bringen Sie es überall unter.

Beachten Sie die versteckte Symbolik

Zum Abschluss Ihrer großen Aufräumaktion sollten Sie sich noch einmal im Büro umschauen und dabei auch den Details einen kritischen Blick widmen. Versuchen Sie, das Ganze aus der Perspektive eines Besuchers zu sehen: Wie wirkt das Büro auf andere? Beachten Sie dabei: Alle Objekte in Ihrem Büro sagen etwas über Sie aus!

Das ist relativ offensichtlich (und dennoch nicht immer kalkuliert) bei scheinbar funktionslosen Gegenständen wie dem Familienfoto im Regal, dem kleinen silbernen Golfschläger oder auch dem Teddybär auf dem Schreibtisch. Gehen Sie sparsam mit solcher Symbolik um, und machen Sie sich bewusst, was andere darin über Sie »lesen« werden:

- »Trophäen« wie beispielsweise gerahmte Diplome an den Wänden wirken kontraproduktiv, wenn sie nur den ohnehin erwarteten fachlichen Standard bescheinigen.

- Zu viele Statussymbole können Kunden oder Klienten das unangenehme Gefühl geben, dass ihr Geld hier in die Finanzierung eines privaten Luxuslebens fließt.

Das Gleiche gilt für sämtliche Gebrauchsgegenstände in Ihrem Büro – Ihre Büroausstattung und Büromaterialien. Auch hier ist oft eine Betrachtung aus der Distanz hilfreich, um die Anwesenheit von Symbolen überhaupt erst zu erkennen:

- Wenn Sie den Klorollen-Pappelefanten Ihrer Tochter als Stifteköcher benutzen, betont das beispielsweise Ihre weiche, private Seite. Ein Besucher oder ein Mitarbeiter wird dadurch daran erinnert, dass Sie auch Vater oder Mutter sind (und nicht nur Chef oder Chefin).

- Eine schmuddelige Ablage, Ordnerreihen mit wild gemischten Exemplaren diverser Hersteller und unsauber überklebten

Rückenschildern haben nicht nur eine negative Auswirkung auf Ihre eigene Motivation, sondern verkünden auch Besuchern, dass hier mit wenig Liebe und Sorgfalt gearbeitet wird.

- Ein Wandkalender vom Vorjahr spricht von Rückständigkeit und Überlastung (»nicht nachkommen«).

Das heißt: Schaffen Sie mit Objekten eine positive Symbolik, in der Sie sich, Ihre Ziele und Ihre Professionalität wiederfinden. Geben Sie beispielsweise dem Füllfederhalter Ihres Großvaters, der für Sie Tradition, Geschichte und familiären Rückhalt versinnbildlicht, einen Ehrenplatz auf Ihrem Schreibtisch. Tragen Sie in Ihrem Zeitplanbuch eine kleine Kinderzeichnung bei sich oder das Foto Ihres Lebenspartners: als Erinnerung daran, dass es neben den beruflichen auch private Termine gibt.

Checkliste: Sich ein Wohlfühl-Büro schaffen

☑ ☐ **Schreibtisch prüfen:** besseres Raumgefühl durch diagonale Aufstellung? Winkelkombination möglich? Platz vorhanden für einen zweiten Schreibtisch?

☐ **Farben und Materialien prüfen:** Schaffen Bodenbelag und Wandfarbe eine angenehme Arbeitsatmosphäre? Wo lassen sich büro-untypische Farben und Materialien unterbringen (Stoffjalousien, Besucherecke, Kunst)?

☐ **Pflanzen:** Bürotaugliche und gedeihende Pflanzen machen ein Büro lebendiger!

7. Schritt

| 1 | 4 | 8 | 12 | 16 | 20 | 24 |

1 Stunde   24 Stunden

☐ **Bessere Platzausnutzung:** Zusätzliche Regalbretter einziehen, Schrank ins Regal einbauen, Aktenordner Platz sparender aufstellen.

☐ **Symbolwirkung prüfen:** ein letzter kritischer Blick aus der *Besucherperspektive* auf alle Gegenstände im Büro.

Einkaufsliste: **Was möchten Sie ästhetisch optimieren?**

Das fehlt / soll ersetzt werden: ☑

☐ ....
....

☐ ....
....

☐ ....
....

☐ ....
....

☐ ....
....

☐ ....
....

7. Schritt

Anhang:
Aufbewahrungsfristen

Folgende Unterlagen müssen 10 Jahre aufbewahrt werden:

- Akkreditive
- Änderungsnachweis der EDV-Buchführung
- Angestelltenversicherung (Belege)
- Anlagevermögensbücher und -karteien
- Anwesenheitsliste (z. B. Stempelkarte) für Lohnbuchhaltung
- Arbeitsanweisungen für EDV-Buchführung
- Ausgangsrechnungen
- Bankbelege
- Beitragsrechnungen der Sozialversicherungsträger
- Belege, soweit Buchfunktion (Offene-Posten-Buchhaltung)
- Betriebskostenrechnung
- Bewertungsunterlagen
- Bewirtungsunterlagen
- Bilanzen (Jahresbilanzen)
- Bilanzunterlagen
- Buchungsanweisungen
- Darlehenskonten
- Debitorenlisten, soweit Bilanzunterlagen
- Depotauszüge, -bücher, -bestätigungen
- Dubiosenbücher, Unterlagen über dubiose Forderungen

- Effektenkassenquittungen, -empfangsbescheinigungen

- Eingangsrechnungen

- Einheitswertunterlagen

- Einkaufsbücher, Wareneinkaufsbücher

- Eröffnungsbilanzen

- Essensmarken-Abrechnungen

- Fahrtkostenerstattungsunterlagen

- Freistemplerabrechnungsunterlagen

- Gehaltslisten, -bücher, -journale, -kontokarten, -abrechnungen, -pfändungsunterlagen

- Geschäftsberichte

- Gesellschafterversammlung: Beschlüsse, Protokolle etc.

- Gewinn-und-Verlust-Rechnung

- Gründungsakten der Gesellschaft

- Grundbuchauszüge, Grundbücher und Journale

- Grundstücksverzeichnis, soweit Inventar

- Gutschriftsanzeigen

- Handelsbücher

- Hauptabschlussübersicht

- Inkassobücher, -karteien, -quittungen

- Inventare, Inventarnachweise

- Inventurunterlagen

- Jahresabschlüsse

- Journale für Hauptbuch und Kontokorrent

- Kantinenunterlagen, soweit Buchungsunterlagen

- Kassenberichte

- Kassenbücher und -blätter

- Kassenzettel, -belege

- Kommissionsauftrags- und -abrechnungsunterlagen

- Kommissionslisten

- Kontenpläne und Kontenplanänderungen

- Kontenregister

- Kontoauszüge

- Kontokorrentbücher, -kontenkarten, -saldenverzeichnisse, -listen

- Konzernabschlüsse, Konzernlageberichte sowie die zu ihrem Verständnis erforderlichen Arbeitsanweisungen und sonstigen Organisationsunterlagen

- Kostenträgerrechnungen

- Kreditorenbuchhaltung

- Kreditunterlagen, soweit Buchungsunterlagen

- Lageberichte

- Lastschrift- und Gutschriftunterlagen

- Lieferscheine

- Lohnabrechnungen, -belege, -bücher

- Lohnlisten für Zwischen-, End- und Sonderzahlungen

- Magnetbänder mit Buchfunktion

- Maschinenkarteien (z. B. Anlagevermögenskarteien)

- Nebenbücher

- Organisationsunterlagen der EDV-Buchführung

- Pensionskassenunterlagen

- Pfändungsunterlagen

- Portokassenbücher, soweit Belegfunktion

- Prämienunterlagen (z. B. Versicherungsprämien), soweit Buchungsunterlagen

- Preislisten

- Protokolle

- Provisionsabrechnungen mit Unterlagen

- Prüfungsberichte des Abschlussprüfers

- Quittungen

- Rechnungen (bei Offene-Posten-Buchhaltung)

- Rechnungseingangsbücher, soweit mit Grundbuch- oder Wareneingangsfunktion

- Reisekostenabrechnungen

- Repräsentationsaufwendungen

- Sachkonten

- Saldenbilanzen

- Saldenlisten, soweit Jahresabschlussunterlagen

- Scheckbelege, -begleitblätter, -listen, -einzugsaufträge, -versandverzeichnisse usw., soweit Buchungsunterlagen

- Skontolisten, soweit Buchungsunterlagen

- Speicherbelegungsplan der EDV-Buchführung

- Spendenbescheinigungen

- Steuerunterlagen

- Teilzahlungsunterlagen, soweit Buchungsunterlagen

- Telefonkostennachweise

- Verbindlichkeiten (Zusammenstellungen)

- Verkaufsbücher

- Vermögensverzeichnis

- Versorgungsunterlagen, soweit Buchungsunterlagen

- Wareneingangs- und -ausgangsbücher

- Wechsel

- Zahlungsanweisungen

- Zahlungsbelege

- Zwischenbilanz (bei Gesellschafterwechsel oder Umstellung des Wirtschaftsjahres)

Folgende Unterlagen müssen 6 Jahre aufbewahrt werden:

- Abrechnungsunterlagen, soweit nicht Buchungsunterlagen

- Abtretungserklärungen

- Aktenvermerke

- Angebote mit Auftragsfolge

- Anträge auf Arbeitnehmersparzulage

- Ausfuhrunterlagen, soweit nicht Buchungsunterlagen

- Außendienstabrechnungen, soweit nicht Buchungsunterlagen
- Bankbürgschaften
- Bestellungen, Auftragsunterlagen (inkl. vorangegangener Angebote)
- Betriebsabrechnungsbogen
- Betriebsprüfungsberichte
- Darlehensunterlagen
- Dauerauftragsunterlagen
- Einfuhrunterlagen, soweit nicht Buchungsunterlagen
- Eröffnungsanträge für Bankkonten
- Faxe, Fernschreiben, soweit nicht Buchungsunterlagen
- Finanzberichte
- Frachtbriefe
- Geschäftsbriefe
- Geschenknachweise
- Grundbuchauszüge bei Kreditsicherung
- Handelsbriefe

- Handelsregisterauszüge
- Investitionszulage (Unterlagen)
- Kalkulationsunterlagen
- Konnossemente
- Kurzarbeitergeldlisten
- Lagerbuchführungen
- Mietunterlagen
- Nachnahmebelege
- Pachtunterlagen
- Patente und Patentunterlagen nach Ablauf des Patents
- Postscheckbelege
- Rechtsstreitfälle mit allen Unterlagen, Klageakten – nach Verfahrensabschluss
- Saldenbestätigungen, soweit Handelsbriefe
- Schadensunterlagen
- Schriftwechsel
- Sozialversicherungsnachweise
- Überstundenlisten
- Umsatzsteuerunterlagen

- Ursprungszeugnisse

- Vermögenswirksame Leistungen (Zahlungsnachweise)

- Versand- und Frachtunterlagen

- Versicherungspolicen

- Verträge

- Vertreterunterlagen

- Zessionsunterlagen

- Zinsrechnungen

- Zollbelege und -unterlagen

Register